I0587540

North of Shanghai, South of Beijing

上海以北，北京以南

纽约新世纪出版社

上海以北，北京以南

纽约桃花　著

纽约新世纪出版社

2019 年 4 月第二版
国际书号 ：978-1-64083-071-4

North of Shanghai,South of Beijing

ISBN 978-1-64083-071-4

胡桃，笔名纽约桃花。北京人，祖籍上海，现居纽约。曾任美国 MTV 音乐电视台制作人。主编诗集《纽约流光诗影》，著有传记文学《上海浮生若梦》、电影笔记《镜花水月怀旧事》等。

总 策 划：冯桢炯
出 版 人：洪君植
责任编辑：全京业
封面设计：Tyrone Shi　石天龙
版式设计：陶　懿

前　言

小时候，写作是一个让我逃离现实世界的方式，尤其写小说和散文。我尝尝沉浸在自我编织的世界里无法自拔，以至于经常上课走神，坐车错过站。那是北京的七十年代，世界依旧沉浸在文化大革命狂潮的尾声，学校里令人厌烦的政治课，生活中的不如意，以及理想的幻灭都让我一个十几岁的孩子充满了孤独寂寞以及失落的情绪。在这种情绪中，写作给我唯一的勇气和信心。于是，课上课下，我都在拿着一堆纸片兴奋地写着，故事一写完，就在小伙伴里传来传去，深受欢迎。

小伙伴们对我故事的喜爱让我增加了信心，每次的流传也让我为自己的文字有一个受众群儿感到欣慰。

我是一个老灵魂，看世界的眼睛总是细致入微，善于看别人看不到的某些东西。记得初中的时候全班去秋游，回来写作文，大家都一股脑地抒发着革命情怀，我却因看到满地的秋叶和潺潺的流水而感怀岁月的流逝与人生的无常。当老师念我的作文时，同去郊游的同学们都奇怪为什么我可以看到他们根本没有注意到的风景和事物。

到了高中，我的文字已经通过朋友们的流传传到了大学里，有些大学生慕名前来，希望知道这些故事与诗歌都是谁写的。当他们看到梳着一对小辫的我挤在孩子群里面跳皮筋，都大失所望。因为，他们一直以为作者是一个人到中年、带着眼镜的知识分子，根本没想到作者其实只是一个普普通通的高中女生。我的文字已经超越了我的年龄，带着我纵横人生，品尝百味。很多时候，从提笔开始，我就一路到底，很多时候被故事里的人物拽着奔跑，恨不得生出几只手来一起写。

高考的那几年是我写作的巅峰时期，大量的诗歌随着青春的迷惘与反叛喷涌而出，我不再写小说散文，而是全身心地投入到诗歌的创作中。1988 年，我来到了梦寐以求的纽约，文化上的差异与生活上的挣扎让我不再写任何文字，而是开始了打工，读研究生以及到美国公司上班的生涯。

九十年代中期，我从MTV音乐电视台辞职，开始与合伙人创立电视公司，制作面向国内的电视节目。就是在那个时期，我又开始拿起了中文写作，断续零散地开始写短篇小说。后来，我在朋友的鼓励下，创立了中文的博客，并在博客上推出各色诗歌、散文及小说，拥有了众多的读者群体。

这本中短篇小说集收录了我在纽约二十几年来写的所有的中短篇小说，以及微小说。这些故事都是我人生旅途上遭遇的人和事给予我的启发和感悟。人生路上，有的人来了又走，有的感情已经随着岁月消逝无踪，但是这些小说如同我埋藏起来的一个个时光胶囊，每次打开的时候，都会将我带回到以往的岁月里，重温故事里的各种人物和事件。对于我来说，这些文字记载了我的人生旅途中所感所悟，每次读起来的时候，都会温暖我心，让我庆幸这些文字为我的生命搭建起的里程碑与纪念碑。

2018年3月于纽约

目　录

评论

北京往事如尘

上篇

连续几天醒来后，我都有恍如隔世的感觉。同一个时辰，阳光从落满灰尘的玻璃窗无拘无束地照耀进来，光束中一粒粒灰尘清晰可见地漂浮着。我扭头看看身边的欧阳予，与此同时，他也醒来眯着眼睛看着我，嘴角仍是那丝隐隐的笑意。我抬手抚摩他的脸，连这一动作都是几天早晨连续一致的。

“你醒了？”我听见自己的声音饱含着心有所属的满足，但也带着难以置信的惊讶。

他依旧不答话，而是温柔的将我抱在胸前，仿佛抱着他初生的婴儿。

我惊讶这一切是否是真的。

一星期前，我从纽约赶回北京为公司在开发的一个合作进行洽谈的时候，根本没有想到和欧阳予的故事会是这样继续的。自从六年前离开北京去纽约念研究生后，我和欧阳予一直没再见过面。而五年前，我们也不过是认识两年多的普通朋友罢了。

“你笑什么？”他的声音在早晨总是有点肿的发干的感觉，但仍旧带着一种暖暖的温情。

“怎么会是这样？我们做了七年的朋友，难道从今以后真的一切都改变了吗？”我不是在问他，而是在问自己。真的，我真的很惊讶！

“那还用说。”他侧过身来，用一只手支着头，带着意味深长的笑意看着我说：“我们会结婚，会有一双可爱的儿女；然后我们就一起衰老，就像俗话说的白头偕老！”

我知道我很快乐简直是幸福。但我的声音还透露出我的震惊！人往往是这样，幸福上升到头就会怀疑一切是否是真的。虽然在此用乐极生悲不太确切，但就是那种乐极反而担心生悲的感觉！

“你不过患得患失罢了！”欧阳予总是喜欢用在这四个字。虽然这是四个很普通的字，但他讲完后，我的头脑便开始混乱不清这四个字到底是什么意思。

也许这一切发生的太快，好像你突然在街上摔了个跟头后，半天回味不过来是怎么一回事。我迷惑地望着欧阳予一脸平静的微笑，好一阵子回不过神来。

一

六年前的那个周末的上午，我接到欧阳予的前老婆李霞的电话时，刚过二十岁生日。我记得很清楚，生日的前二天，我中学时代的好友李霞在“失踪”两年后忽然出现在我面前。

李霞的出现非常戏剧化。

三月的天气，北京下着第一场蒙蒙春雨。空气中充满了万物初萌的那种新鲜气味。

李霞撑着一把红色尼龙伞出现在我家那栋灰色居民前。她中学时就留的长辫子不见了，削了一头极短的像男孩子般的头发。八十年代初期的北京远不及现在时尚，女孩子们大多是齐耳短发或弯弯曲曲绵羊一般的烫发，直长披肩发刚刚开始在城里流行。李霞的极短发仿佛是一个在行走的巨大惊叹号，每一个看到的人都不禁再回过头来看一眼。

自从中学毕业后，我考上了北京外国语学院英文系，而李霞像任何一个没有考上大学的同学一样在我们考上大学的同学之间失了踪，我们一直没有再联系。后来听说她好像去了一个工厂工作，出乎所有人的意料。中学时代，李霞曾经是语文课代表，作文从来都是拿满分。大家都觉得以她知识分子家庭出身的北京，去工厂工作简直是低人一等。

没想到，两年后，李霞居然再次出现在我家，我的吃惊非统可小。

“姐们！”李霞依然是一贯的男性般的潇洒，好像两年的时间从来没有在我们之间出现过似的。“两年不见，你混得怎么样？”她还想中学时代那样称呼着我，带着她一贯的男孩子般的洒脱。

两年不见，李霞打扮得极其前卫时髦，穿着一看就是从外面带进来的进口牛仔裤和白色的滑雪衫，高跟的黑皮筒靴，完全不像她中学时代蓝衣布裤的清纯简朴。相比之下，除了个子比李霞高出一头之外，我依然是中学时代的样子，平底的布鞋，洗得发白的蓝灯芯绒裤子。

在李霞的那种春风得意的灿烂阳光的照耀之下，我一点都打不起精神来。说实话，二十岁是我最青黄不接，最倒霉的季节。大学的最后两年，大家都非常担心分不到好工作甚至担心会分到北京以外的地方去，宿舍里整天都弥漫着相互之间暗自竟争的那种紧张的空气。更要命的是我正好初恋失败，沉浸在一种极度的彷徨中。李霞的失而复现只带给我片刻的惊喜。于是，我开始滔滔不绝的抱怨起我的生活我的日子我对未来工作的担心，当然还有我那自认倒霉的初恋！

李霞在听我讲话的整个过程中，几乎是不动声色，完全没有她在中学时惯有的那种大喜或大悲的情绪及表情。那时我还年轻，不懂得察言观色当然也就更不懂得人在蜜运中的感觉。

“我结婚了！”好不容易等我讲完所有的抱怨后，李霞终于得机会发布她的爆炸新闻：“你后天来我家见见我那位吧，我们有个朋友聚会！”

“是举行婚礼吗？什么时候结的婚？和谁？怎么我全不知道？”我惊讶地合不拢嘴。大学没有毕业之前，婚姻从来都没有进过我的头脑。李霞虽然比我大一岁，但也不至于到了结婚的地步呀。对于我们这种知识分子家里出来的孩子来说，考大学找到好工作是至关重要的问题，而婚姻是则在一切的设想之外。

看着我错愕的神色，李霞微微一笑，“两个月前就结了。我们根本就不打算办什么婚礼，那有多俗气呀！当然我们两年没见了，也就来不及通知你一声。不过，我现在不是来了么。你知道，这些天我一直想着你，怎么说我们也是中学时的姐们嘛！所以，后天的集会你一定参加。我那位还想见见你呢，他老是听我念叨你，耳朵都起茧子了。

最令我惊讶的是，李霞的丈夫居然是中国作家协会的作家，一个在当时的北京让人刮目相看的职业。

两天后接到了李霞的电话："今天你得来，无论如何！这两个月来来往往的都是他的同行和朋友，怎么说也得让我的朋友给他们露一面呀！哎，说不定你还会在这帮作家和诗人中找到一个合适的呢。"

我如约前往李霞的新居。倒不是想找一个合适的，而是好奇李霞那位令她一见钟情的作家丈夫到底是什么样的奇人！李霞和他从认识到彼此甩了原有的男朋友和订婚对象，并闪电般的结婚，前后不到一年。其速度之快，自然让我充满好奇。我的初恋拖拖拉拉也前后一年时间，最终还是以分手作为痛苦的终结，而李霞的一年却收获甚丰。个人有个人的缘分，这句话就是我当时学会并彻底明白的。

欧阳予坐在狭小的客厅中间，让一大群喷云吐雾的抽着烟的人们包围着。他的整个面容在缭绕的有烟雾之中产生了一种朦朦胧胧的效果。我拘谨地挤在门边，远远的望着他，像在庙堂中望着隔在层层香火烟雾中的神像一般。

那一天胡里糊涂地过去了。我根本没有机会和欧阳予或是李霞说上一句话，他们一整天都让朋友包围着，很有一种高高在上的样子。

我傍晚要走的时候，李霞才拉着欧阳予匆匆走过来向我介绍。

欧阳予握着我的手时，我有些不敢看他的脸，因为他的一双目光如炬的眼睛出奇的亮，炯炯有神地近距离地看着我。我还从来没这么近距离地被一个陌生男人审视过，尤其这个男人有着那么一双明亮的不含任何杂质的眼睛。

那次聚会后有一天，我看到同班一个女同学上大课时在聚精会神的看一本书，不禁好奇地瞥了一眼。当我看到书背上赫然写着作者的名字欧阳予时，只觉得很耳熟。电光火石中突然想起来欧阳予是李霞的小说家丈夫时吓了我一跳。女同学见我好奇，便将书递给我，告诉我说此书写的怎样好又如何畅销，她又怎么崇拜作者很想见他一面等等。

晚上，我将书带回宿舍，仔仔细细地读了一遍，也不由得对欧阳予肃然起敬。整个晚上不断的回味初见欧阳予的情景，又不断的将他和他小说中的主人公对号入座，竟然有了一种暗恋的感觉。

那是我二十年来第一次读到大胆描写男女情爱欲望的小说，不能不说很受启蒙。虽然我当时谈过一次失败的恋爱，但经历过的比起欧阳予书中所描写的男女之间近乎颓废的情爱，简直微不足道。从那个晚上读完那本书后，我已经完全将我的初恋情人忘得干干净净。

隔了大半年，我再次在一次偶然的场合中见

到欧阳予夫妇时，我自觉已经脱胎换骨不少。已经是夏末了，我的头发长了不少，刚刚垂下肩膀在太阳下闪着栗子般的光泽。

那时候，我已经很受学校里男孩们的注意，但我似乎对谁都没有兴趣。半年之中，我读完了所有在市场上颇为流行的欧阳予的小说，自我感觉一下子成熟起来，第一次有了做女人是什么样的感觉。我已经学会从容不迫的和欧阳予握手，在他那双聪慧明亮的双眼的注视下不动声色地和李霞谈笑。从欧阳予的书中，我已经知道他喜欢什么样的女人，而一个他喜欢的女人又该是什么样子。我做的是那么恰倒好处，想必给欧阳予留下了深刻的印象。他时不时的专注地看着我，带着好像研究及欣赏一件艺术品的神态。

从那以后，我便常到欧阳予夫妇举办的各种朋友聚会上去，一边帮着李霞忙这忙那，一边留心观察欧阳予的举止言谈。这些聚会中的女孩子很少，而仅有的几个也都是像李霞那样的作家之妻或者女朋友之类的。她们的打扮穿着在当时的北京都很前卫，旁若无人地用某种优雅的姿式抽着香烟肆无忌惮地和男人们大声的谈笑。

我发现自己开始有些刻意的回避欧阳予，很少加入他和其他人的谈话，有时他会坐到我身边，想和我聊聊，我便会找借口走开。当我的眼神无意中和欧阳予的目光相碰时，我都会感到不自然。

初恋事件之后的第一次也是唯一的一次“艳遇”是和欧阳予的一位诗友老棋。老棋是北京有名的诗人，跟我暗恋欧阳予一样暗恋着李霞。我和老棋之间就应为着彼此这一丝心照不宣的暗恋而产生了一种对对方的理解。

在一次延续到午夜的聚会后，欧阳予叫老棋送我回家。那天晚上我碰巧在欧阳予家喝了点酒，有些头晕脑胀，但精神却异常亢奋。余兴之下我和老棋回了他的住处。我跟本不明白自己在做什么。十分钟后，当老棋满足地从我身上颓然倒下的时候，我甚至都没有任何做过爱的感觉。

大半夜过去了，我依然沉醉在酒精带来的兴奋之中，神经质地渴望着跟人聊天。

于是我便和老棋在床上抽烟聊天。我从来不喜欢抽烟，但看惯了李霞那些女人烟不离手故作成熟的姿态之后，也多少对香烟产生了某种程度上的好奇和希望成为成熟女人的愿望。很多女人抽烟未必喜欢嘴里和鼻子里满含的烟味，但她们喜欢抽烟带给她们的那种成熟姿态，那种让她们感到吸引男人注意的那种性感和男人给她们点烟时的那种关注和艳羡。

我从老棋的烟盒里抽出一根香烟，故作姿态地让老棋点燃后抽了起来。

“你知道吗，欧阳予很喜欢你？！”老棋在微明的曙色中忽然这样对我说：“他很多次有意无意地提到你，说你很漂亮，我想如果不是你和李霞的关系，他一定会有所行动的。”老棋嘻嘻笑着。

我怔在那里好一会，忽然感到胃里一阵难过，边仍下烟跑到厕所那边吐了起来，那是我第一次醉酒。吐完之后，我洗了把脸重新躺下，但感觉已完全变了。

我终于不能再掩饰自己已无法自制地爱上欧阳予的这个事实，而这个发现令我初次尝到爱上一个不应该爱上的人的无助感及它所带来的心的疼痛。

人在心痛时往往是最绝望的。

像我这样骄傲的人在绝望时往往选择自暴自弃。

我睁着眼睛一直到天蒙蒙亮，便匆忙爬了起来。

老棋执意要送我回家，可我坚决拒绝了。在门口的时候他轻轻的拥抱了我一下，我就像不小心被什么撞了一下似的，眼睛就立刻湿润了起来。

迎着秋天早晨的凉风回学校的路上，眼泪不断的从眼眶中滴落。路上的各色人马都向我投来好奇的眼光，我什么感觉也没有，只是痛痛快快地流着泪水。

对于这件事我一直耿耿于怀，它成为了我青年时代的一个不可告人的阴影。

很久我没有在去欧阳予夫妇那里，李霞打电话来时，我从来也没有提起过这事。后来我毕了业，在一家翻译出版社工作之后才又开始去欧阳予家玩。见到了老棋假装什么也没有发生似的依旧客客气气。

八五年前后，北京变了很多。似乎也是一夜之间发生的事，许多豪华宾馆酒店像雨后春笋似的到处林立，街上也开始出现了各种各样的进口小汽车，出租车的生意也慢慢红火起来。北京的交通开始有点紧张。于是修建环城公路的工程开始了，整个城市昨天包围在施工的漫天尘埃和喧嚣的噪音之中。

有一天，欧阳予独自来找我的时候，我已经大学毕业在北京的一家外文出版社平平庸庸当了一年编辑，正忙着办理去美国留学的手续。看到欧阳予，我并不惊讶。我们一起去邻街上的一家顺风包子铺去吃了午饭。

“你的头发这么长了！”欧阳予摸了摸我几乎齐腰的一头直发。

他那天看上去有些沧桑的味道。胡子好几天没刮了，眼睛也失去了往日的神采。也许欧阳予处于这种状态已经有一阵子了，只是我一直忙着工作和办理出国，很少见欧阳予夫妇，所以没怎么特别注意过。

而那天中午在包子铺里，我忽然注意到他的疲态。又是夏天了，包子铺里坐满了附近建筑工地的民工，嘈杂至极。正午强烈的阳光照射进来，晃的人睁不开眼睛。我清楚的看到了欧阳予头上的几丝白发。

“我们认识已经有两三年了吧？”

欧阳予边喝小米粥边问我，好像在自言自语。

“那时你头发短得不及肩膀。记得第一次看见你时，你挤在人群后边像个羞涩的小女孩。后来一次次的见你，你也一次次的长大，就像你的头发似的。两年一晃而过，我觉得我开始老了，你却越来越成熟漂亮。”

“我不过与你相差四五岁，而你说起来像隔着多少辈分似的！”

“快三十的人了，当然和你这二十出头的女孩子感觉不一样了。况且我刚认识你的时候，你不过是个稚气未干的小丫头，现在居然也能和我平起平坐的讲话了。记得吗，当初见我时，连头都不敢抬。”

“是吗？！我可没工夫和你开这种玩笑，我一会还要上班去。”我说的是实话，许久没见欧阳予，我已经有了一种恍然隔世的感觉。我看着坐在身边的欧阳予，感到生活的水不断向前流动着，过去的一切已经开始变得遥远，就像正在经历巨变的北京。也许，有一天我真的出国再回来，眼前的一切已经荡然无存了。这是一个新旧交错而过的时代，城市的建筑和风景每天在变，每一个人的外观和内心也在变。

欧阳予好像并没有感到我的变化，他依然沉浸在怀旧的情绪中。我们相对而坐，仿佛面对着两个不同的世界，他在追忆似水流年的同时我却向未来的美景里展望着。

“再陪我坐会儿，我只觉得心烦，和你坐一会儿心里很舒服。”

这阵子，欧阳予的书已经不怎么流行了。市面上出现了更多更新的言情小说家，书写得一个比一个更大胆，甚至到了庸俗的地步，却更受读者的欢迎。而作为言情小说的开拓者，欧阳予的书相比之下显得过于含蓄而遭到冷落。

“我和李霞准备分手了！”

走出包子铺后，欧阳予出其不意地讲了这么一句。显然，这就是他的情绪不好的症结所在。

我反而很冷静，作为旁观者，两年来我多多少少感觉得出欧阳予夫妇之间的微小变化。李霞也曾在话中透露过她和欧阳予之间发生的许多争执及多次争吵。其实，作为一个声誉渐隆的小说家的妻子，李霞的不安全感也与日增加。可惜的是，李霞和欧阳予都没有意识到这种不安全感对婚姻所带来的破坏性。

“也许，婚姻对你并不合适。你一向比较喜欢自由自在拥有众多亲朋好友的日子，而李霞需要的是一个平平常常的小家庭。你不觉得吗，她已经开始厌倦了你这种人来人往的热闹日子。”我说。

“也许，是我找的人不对，或许理想中的女孩真的不存在？”欧阳予投给我一个颇有意味的眼色。

如果是半年前，我都会因为欧阳予的暗示而欣喜若狂。但此时的我却平静如水。“不能说理想中的人并不存在，而是存在又怎样？你难道会塌塌实实的像大家一样过日子？你不是一个过普通日子的人。”

欧阳予看了看我没再说什么。

我们沿着狭窄的胡同在太阳下默默的绕了好一会。听着胡同旁老槐树繁茂的枝叶里传来的蝉声，我隐隐的感觉到无忧无虑的那种年轻的日子正从我们身边流水般的悄然而逝。这种觉令我禁不住怅然若失。

欧阳予把我送回编辑部门口时，一位女同事看到便冒失的问：“依华，这是你男朋友吗？样子蛮不错的。”

我笑了笑，欧阳予也笑了笑，我们就这样在大门口分了手。

那是我出国前最后一次看到欧阳予。

二

我在纽约一呆就是六年。

先是在 BROOKLYN 区的一家中国人那里租了间地下室住，一边在曼哈顿西城的美国服装店打工，一边在中城的一间专门为移民开的语言学校上学，等待着移民局批下我的学生签证的延期申请。

我总是每天早晨坐地铁火车经 BROOKLYN 桥去曼哈顿上班上学，晚上九、十点钟后再坐地铁回家。

夜晚的地铁乘客清一色是亚洲移民，从编织厂或餐馆下晚班归来的中国人。坐在这群面色疲惫神情茫然满身油烟味的同胞中间，望着 BROOKLYN 铁桥那边的灯火辉煌，美丽灿烂的曼哈顿夜景，我常常不知不觉的陷入幻境，仿佛置身于时光隧道里。生命中的一切宛如在夜幕的铁桥上蜿蜒而行的铁火车，远远看去，一节节灯火通明的车厢像一幕幕电影镜头上演着各种各样的故事，每一幕都有着不同的内容和结局。这时候，我顿然领悟我来纽约的目的。

我知道如果我不做任何改变，我将日复一日永远的拥挤在这晚归的火车中穿梭于曼哈顿的豪华和 BROOKLYN 中国住宅区的杂乱之中。此时，北京的日子已经离我非常遥远，有关它的所有记忆也开始变的面目全非。

我拿到学生签证的那个下午，我搬离 BROOKLYN 区的那间地下室。我记得那是个冬日，地上覆盖着薄薄的积雪，我充满了可以留下来的欣喜及对未来不可知的担忧，点点滴滴都是别有一番滋味在心头的感觉。

就在同一天的下午，我收到了欧阳予五年之中的唯一的一封信。信很短，却充满了八七年冬天他对生活的疲倦和失意。他在事业的低谷及和李霞已经破裂的婚姻中焦头烂额。

读着欧阳予的信，我的眼眶开始湿润。在对未来生活的迷惘和不安中，我隐隐有一种兔死狐悲的感觉。在学校附近的MCDONALD快餐厅，我边喝味道淡如此刻清冷的冬日的咖啡边给欧阳予回信。对我来讲，欧阳予似乎代表着我在北京的青春岁月，而随着那个下午的过去，我二十二年的年轻日子也都过去了。

欧阳予并没回信。

搬迁之后，我完全陷入了经济上的窘困。我打工挣来的钱除了付房租外全部付了学费。看着辛辛苦苦赚来的血汗钱流水般的消失，心中的滋味难以明状。但我咬牙坚持着，我发誓我永不要像其他的中国留学生那样去餐馆打工赚钱。我知道一旦踏上了这一条道路，就不会再轻易回到学校中去，来纽约全部的目的就是拿到我的硕士文凭，就是背水一战，也不放弃。

两年之后，当我终于拿到我的硕士文凭时，我已经完全处于疲惫的麻木不堪之中，除了一纸文凭，我什么都没有，没有钱，没有朋友，没有家。

但我终于拿到了纽约市立大学的商学士文凭。

以后的三年，日子开始潜移默化地发生变化。

我在曼哈顿中城的一家小型投资公司上班，

专门做公司对亚洲的商业投资业务。开始的时候，薪水只有三万五，但随着公司对中国大陆投资项目的介入和人业务的增加，我的薪水也开始慢慢上涨。日子开始好起来的时候，我周围来来往往的已经都是美国男人。

纽约是一本丰富的生活教科书，在这本书里，我学会了一个单身女人应该学会的所有东西，从品位到男人。我在曼哈顿西上城和几个美国女孩和租了一个三房一厅的公寓，像住在曼哈顿里面成千上万的高级白领一样为了保持体型而每天徒步走到位于中城的公司上班。

几年过去了，我已变的非常实际，就像没有钱再好的品位也白搭，开士米毛衣，意大利皮鞋都需要金钱来做品位的后盾。我一件纯棉体恤衫，一条粗布牛仔裤的日子已经被时髦文雅的西服裙装所替代。我学会了交际不同身份的高薪男人，在城里最高级的法国餐厅不动声色的用法语点菜，在服装店里心安理得的看着打扮光鲜的年轻女店员为我忙前忙后。出租车已成为我生活中主要的交通工具，我不再会为了节省几十块钱去挤地铁。

我已经不再去 BROOKLYN 或 QUEENS 区拥挤喧嚣的环境中光顾了，对我而言，纽约只有曼哈顿。

认识投资银行家杰斯的时候，我已经在曼哈顿中城的几个不同的投资公司中换了几个工作，而每一个工作的变换都使我的薪水升高一级。等到我在一家健身俱乐部健身的时候认识了同样年轻英俊的意大利籍的美国人杰斯的时候，我在曼哈顿中城的一家漂亮的玻璃大楼里面担任了一家上市公司的高级财政策划。

我已经蜕变成一个将一光滑的头长发整整齐齐盘在脑后，脸上妆容精致得无可挑剔，身上的套装夏季是意大利丝绸冬天是意大利毛料，颜色永远都是流行的素色，住在最时髦的中央公园南区的二十八岁的大都会单身女郎。

有一种女人，男人看第一眼就知道她会成为自己生活的伴侣。杰斯看到我时，就是这种触目惊心的感觉。也许是我神色中遥远而略带隐秘的某种气息感染了他，抑或是我的微笑中的几许不为察觉的沧桑感触动了他的内心的某些伤情，我们后来的结合也就合情合理成为了必然。

很多我曾经认识的中国人坚信，我是为了一纸绿卡嫁给杰斯的。对此，我只是一笑置之。中国留学生嫁给美国人大多数是为了居留权这一说法在纽约的中国人中非常流行，仿佛这是对条件优越的中国女人为何嫁给美国男人唯一的理解。

一年后，我与杰斯分居时，对这一说法津津乐道的人更加对他们的观点坚信不疑了。在纽约的生活已使我学会对别人的观点不屑一顾，我自得其乐的活在自己为自己制造的世界里， 这也是我和杰斯分居的部分原因。

已是九二年冬天了，我忽然对遥远的故土产生了思念。我正处于对生活的某种倦意和消沉中，不禁觉得只有故乡我所熟悉的人和事才会抚平我这种焦躁不安的心理状态。

一个周末的下午，我开着我的红色黑顶的福特敞蓬跑车漫无目的向纽约城外的广乡村驶去。已经进入深冬了，车道两旁还堆积着前几天的残雪，树枝上也挂着串串积雪结成的雪片。时不时有微风刮过，雪片在枝头上颤动着，然后无声无息地坠落下来，落地时发出轻微的破碎声。

车窗外是冬日的空旷与寂寥，交织在白色羽毛般飘落的雪片中。汽车里温暖如春，我只穿着薄薄的浅紫色开士米毛衣，听着汽车收音机里播送的旧日热门歌曲。

正好是 CARPENTER 的一首 YESTERDAY ONCE MORE，昨日再来。我呆住了，这是我在大学时代颇为喜欢的一首歌。

那时我常常一个人夹着课本在冬天凛冽的北风中踏着雪从大教室走回宿舍。学校里廖无人迹，北风刮过干秃秃的树叶和教学楼群时发出尖利的回声。远处的大喇叭里传来不知是谁点播的昨日再来。忧郁感伤的旋律令我不禁会放慢脚步，不想赶回嘈杂拥挤的宿舍中去。

此时此刻，旧日的孤独和寂寥重新夹着歌声潮水似蜂拥而来，我无法阻挡地淹没在被层层尘封在时光底层的记忆中去，北京冬日混着淡淡煤烟味的空气开始熟悉的弥漫，我的眼眶不禁湿润起来。

就在那一刻，我知道生命之中有些东西是根本忘不了的。

三

我在长城饭店的咖啡厅等了好久，都没有看到欧阳予的身影，疑惑间，不禁怀疑自己是否在电话里听错了地点。

转眼，我和欧阳予已有六年没见了。

这次为公司回北京的项目进行洽谈前，我费了很的劲儿才辗转和欧阳予电话联络上。

“我就等你回来叙旧了！“隔着万里，欧阳予的声音热情洋溢，同六年前依旧。

他的兴奋与热情顿时感染了我，沉寂已久的心不由自主地重新温热起来。

我不禁对再见欧阳予充满了期望。我有一种直觉，凭着我们之间多年的理解和默契，重新找回过去的感觉应该是容易的。

北京冬天天黑的早，六点钟窗外已经暮霭沉沉了。从酒店的高楼上俯瞰着暮色中都市的轮廓，隐隐约约感到这个自己从小生长的城市似乎已经变得面目全非，遥远陌生。

正准备叫服务小姐结帐，欧阳予夹着一股冷风从玻璃门外冲了进来。

“塞车！塞车！”他一路解释着北京交通已经变的如何拥挤。六年前我们分别的时候，欧阳予只是作协的一名作家，靠公车和面滴作为主要的交通工具。现在，他已经和朋友合伙开了家影视文化制作公司，当了老板，还开着公司给他置备的一辆夏利。

欧阳予似乎变了很多。

记忆中的欧阳予依然停留在六年前我们分手时的那个夏天，那时，他总是一身白球衣白短裤，虽然有些疲惫却依然充满青春。现在他的头发长了，穿着黑色的皮夹克和黑色的牛仔裤，只有脚上一双 REEBOK 是白的。

他比以前胖了一些，曾几何时独一无二的清俊的气质也已经渗进许多风霜。

“你好像没什么变化，只是更漂亮了。”欧阳予毫不掩饰地上下打量着我，眼光中充满欣赏。一瞬间，我感到又回到了多年前，我和欧阳予初见的时候，感到欧阳予目光炯炯中的逼人热力。

“不过是学会了化装打扮而已！”我顿时有些不好意思起来。

“依华，你还是像学生时代那么直率得可爱！”

简单的几句话，便把六年时间拉开的距离转

瞬缩短。

欧阳予颇为感慨的讲述了了自我们分手后他的一切经历，包括他和李霞持续了两年的痛苦的离婚过程。再一次，我们感到了一种深切的同病相连。等到沉重的夜色完全将城市吞没的时候，四年的时间和距离在我们之间已完全地消失了。

欧阳予早就和一帮朋友约好了晚上在城里的一家四川馆子吃饭，他叫我也跟他过去。一想反正公司的业务洽谈会是明天开始，我便答应了。咖啡厅的会面已经在两人之间制造了一种难以言传的亲密气氛，仿佛旧日重回、旧梦重温的感觉。

我和欧阳予走进饭馆的时候，几乎在座的所有的人都可以感觉到我们之间的这种气氛。

“依华是我多年的朋友，我们已经有五年没有见过面了。”欧阳予向大家介绍着。欧阳予的朋友们已经换了许多，过去我见过的那些作家诗人几乎都不在座。

“那依华可算是你的初恋情人啦？”欧阳予的一位朋友意味深长地笑道。

我和欧阳予双目而视，但笑不语。

这个晚餐的过程中，温馨的感觉一直弥漫在我和欧阳予之间，仿佛我们已是多年的恋人。

晚饭后，我们到附近的一家室内花园式的夜总会唱卡拉 OK。

豪华的大厅，盛服的歌女，幽暗的灯光，玻璃桌上一盏盏烛光摇曳出诡秘的气氛。北京的变化带给我的震惊难以用语言形容。

欧阳予和他的朋友们似乎是座上常客，一坐下来就谈笑风生，对侍应生端上来的酒水的昂贵价格毫不动容。想起四年前欧阳予家时的只有米饭炒菜，甚至有时候只有炸酱面当饭的朋友聚会简陋却温馨，与眼前的奢侈仿佛隔了两个世纪。旧情旧景不再，我不禁有些惆怅。

“怎么样，和从前不一样了吧？”欧阳予悄悄地握住我的手。

望着他关切的目光，怀旧感冒蕾然涌上我的心头。

一位穿着粉色洋装的女歌手开始唱起“莫斯科郊外的晚上”。那还是我初中时代所熟悉的歌曲，顷刻间，我的眼眶开始湿润。纽约四年孤军奋战的生活已经几乎让我忘记了地球另一边的另一种生活带给我的一切回忆，而在这个回忆中，一首旧歌，一个旧友都会令我感动。

我依偎在欧阳予的身边，忽然产生了一种孤独无助的依赖感和温馨感。

那个晚上，大家玩的很尽兴。

从俱乐部出来的时候，已经是凌晨时分了。冬夜的北京大街上空寂无人，只有寒风顺着街道呼啸而过，刮起我身上的皮大衣。偶尔几辆亮着无人灯的出租车疾驰而过，给这种空荡平添了几许孤寂。

我的时差还没有倒过来，脑子开始犯困，眼皮也开始上下打架，但精神上却是极度兴奋的。站在冷风中，我大口地呼吸着北京寒冬的空气，顿然有一种重归故里的感觉。

欧阳予的一位朋友陪着我们站在冬天的寒冷中，被冷风吹得不住地缩着肩膀。

“我送她回酒店。”欧阳予对他的朋友大声道。

那位朋友诡秘地望着我们，唇边带着一丝自以为洞察一切的笑意。“好啊，你们两个趁着良辰美景好好叙叙旧吧。”

你那位朋友干什么鬼鬼祟祟的样子？“在酒店房间里，我半嗔地看着坐在我对面沙发上的欧阳予，心里有种异样感。

恍惚一瞬间，眼前的一切变的极为熟悉，我好像感到多少年前我们就是这样置身于一个同样的环境中，讲着同样的话，四年的时间一下子消失得无影无踪，仿佛我们从来就没有分开过似的。

欧阳予的声音瞬间也变的有些恍惚：“好像我们曾经也是这样无言相对……。对了，在顺风包子铺。”

“对，你来告诉我，你打算和李霞分手。”

“不，我记得我好像是去找你，问你想不想跟我好。真的，那天我像中了什么魔法似的，和李霞大吵了一架之后，忽然累急了，真他妈想哭一场。第一个想的就是你，我不顾一切地想去看你，只要看到你就好。”

“我其实隐隐约约地感觉到了什么。不过，那时候我很虚伪，一门心思想出国，满脑子都被到美国去的想法盘踞，根本不想牵扯到个人感情方面去。”

“那天，我离开你后，心里有一种强烈的失落感，当然了，也很失望。被你拒绝是我生平第一次遇到的事情，以后也从来没有过！”

我笑笑：“幸好我没有和你好，否则下场也许和李霞一样。我在纽约就听说你的‘情况’不少。”

“你不是也一样，结了婚又离。”欧阳予顿了顿，关切地注视着我：“你这几年一定吃了不少苦吧。我很想知道你是怎么过来的。”

我忽然泪盈于睫，几年来，这是我听到的最温暖的话。

四年在纽约孤身奋斗的苦与痛，四年的寂寞与孤独顷刻间从心底一层层地水漫上来。迄今为止，还没有人如此在意过我的内心感觉，没有人能令我如此感动。

台灯的柔和光晕下，欧阳予望着我脸上纵横的泪水，眼睛里面没有一丝惊讶，我知道他懂，不是很过人能够懂也愿意懂的。

我忽然有一种渴望宣泄，大放悲声的感觉。于是，我赶紧低下头，再也无法忍住眼眶里蓄谋已久的泪水。当泪水如雨而下的时候，我自己都吓了一跳。纽约五年偷偷哭过多少次，但还从来不曾在人面前这样轻易的暴露自己的感情，更不要说在一个五年没见过的朋友面前。奇怪的是我却没有一点失态的羞耻感。

等我终于抑制住自己泛滥的感情，再抬起眼望向欧阳予时，反而怔住了。欧阳予的眼眶全红了，看得到闪烁的泪光。只有感受过生命的痛楚的人才会又如此强烈的同感，而只有真正关心你的人才会因相同的感受而泪盈于睫。在那一瞬间，我知道欧阳予和我情脉相连。

空气顷刻间完全凝固住了，像火药等待引爆前的那种寂静。我和欧阳予相对望着彼此，谁也没敢动一动，生怕会触动到空气中凝固的寂静而引起一发不可收拾的感情爆炸。

清晨在我们突如其来的沉默中悄悄来临，透过酒店房间沉重的落地窗帘儿的缝隙，晨曦已无可阻挡地钻射进来，隐约地可听到街上传来的城市交通开始运转的喧嚣。

我们居然聊了整整一个晚上。

“我们俩以后该怎么办？这是我们现在该考虑的问题了。”欧阳予的声音像雷一样炸响在我的耳边。我措手不及地望着他。

“我先回去了。”他站起身来走到房间门边，我也呆呆的跟了过去，像喝醉了的感觉。

“你回去睡觉吧，谈了一夜，也该累坏了。”他的声音史无前例的温柔，一反他平常的粗音阔调。

“那我明天给你打电话。”我说。

此刻，站在欧阳予的身边，嗅着他周身散发出混杂着烟草味的男性气息，时差加上疲倦让我沉沉欲醉，只想依在他身边睡去。

欧阳予打开房门前转过身来："让我抱抱你。"他忽然温柔地说。

我呆呆地望着他，好像一只经过长途跋涉找回家门而疲惫不堪的猫。我觉得只要我一闭上眼睛，就马上可以昏睡而去。我摇摇欲坠般地倒向欧阳予，他轻而紧的将我抱住，很友好很父亲般的那种拥抱。将头附在他的肩上，我觉得好累好累，只要一闭上眼就可以马上入睡。我心里暗暗希望他会留下来，陪我进入梦乡。

"我走了。"

欧阳予走了。

我一头栽到在舒适的双人床上，头轰鸣一下就什么都不知道了。

床头柜上的电子钟指示出已是早晨七点。

我已经完全梳洗打扮好，站在落地窗前眺望着晨光中的北京城，等公司的车来接我。根据当天的议程，我要花几天的时间到和我们洽谈中的几家潜在的合作公司开会参观。

屋子里弥漫着我在身上和衣服上喷洒的香氛，混在前天欧阳予留下的烟草味中有着一股特别的味道。

视野里都市充满污染的灰色天空，大街上是

蚂蚁般赶着去上班的人流及自行车的车潮。满身灰尘的公共汽车带着车身上油漆剥落的颜色在人流车海中笨拙的穿梭着。北京的早晨似乎和我四年前离开时的情景完全相同。

瞢然间那种恍然如昔的感觉又开始包围住我，我所感到的只是倒流的时光。

拿起桌子上的电话开始拨欧阳予的号码，说话时我明显的听出声音的颤抖。

“是你吗？我是依华。”

欧阳予显然还在睡梦中，声音带着浓重的睡意。

“你好，什么事？”

“我只想告诉你……”我顿了一下，拼命压抑住心跳，在喘息的空挡中费劲的说：“我现在非常非常地想你。”

听筒那边是一片黑压压的沉默，仿佛有很长时间。

“我等会儿再给你打电话。” 欧阳予只是平淡的说了怎么一句，声音不带任何感情色彩。我忽然意识到自己的卤莽，已经单身而且不断换女朋友的他未必是一个人过夜。

我仍下电话听筒，泪水无法竭止的奔涌出来。自尊心所带来的委屈感，完全控制住我，我只想立即飞回纽约去，逃开这里的一切。

如果我仍是十八岁，我会为我找到所爱陷入情网而欣喜若狂，但二十八岁的我重温十八岁的初恋感觉时，内心完全让震惊及恐惧击垮了。

整整一天的会议，我像梦游一般，好像听不到自己在说些什么也听不到对方公司的人在介绍什么，似乎全身心都让欧阳予占据住了。我已陷在热恋的激情所带来的感伤和疑惑之中，而这种感觉是我多少年都未领略过的。一旦心动，令我震惊的是二十八岁的自己依然怀有十八岁时的激情和彷徨。

早晨再度来临时，我已完全清醒。

像醉酒后清醒过来的人一样，虽然头仍在隐隐作痛，但大脑已经可以正常运转。我飞快的整理着思绪，盘算着和对方公司下一步的周旋交流计划，调整着我在北京下一个星期的日程。

如果没有工作，我会立刻奔向机场，乘上飞往纽约的班机一去不回头。但在纽约六年的自我心里平衡训练，我已比二十岁时冷静的多。

夜里两点多，电话铃声惊醒我。

看看表，我本能的以为是纽约方面的长途。

“HELLO！”我迅速地清醒自己，用公事公办的声调发问。

“是我，欧阳予。”

我忽然有落泪的感觉，然而我很快抑制住了心中的哽咽。

“你好，什么事？”我甚至都为自己冷静至极的声音吓了一跳。

“我给你打了好几次电话，都找不到你，我以为你已经走了。”

“为什么不留话？”我的声音已近乎严厉：“有什么事快说，我明天还有会要开。”

欧阳予似乎并不在意我声调的冰冷，他的声音依然如同两天前离开我旧点房间时间一样。“我想见你，现在！”

我沉默了一会儿听见自己仿佛身不由己地说：“好吧！”便挂了电话。

欧阳予大踏步的走进我完全没有开灯的房间，周身裹着一股冬夜的寒气，眼睛像猫一样在幽暗中闪闪发光。

坐在以前和他谈话的沙发上，我一脸平静的望着他。然而，我心里已完全颠三倒四没了分寸。

“依华”他一把将我从沙发上拉起来：“我想你。”

一切仿佛在几秒中内发生的，我听见他沉重的呼吸声，感到他几乎令我窒息的双唇及身体离开地面时的瞬间飘忽感。

我从来没有领略过如此亢奋如此激情的瞬间。一切好像发生在深昏迷中，听得见医生及家人时远时近的呼唤声，大脑似乎是清醒的而身体却不听使唤地根本不能动弹。

我感到自己的一头长发冰凉柔顺地时而覆盖在我的肌肤上，时而瀑布般的从床边垂落地板汇成一道黑色的河流。手指下触及的是欧阳予发烫的肌肤，我听得到两人合在一起声响如雷的心跳。

多少年来，我跟欧阳予都徘徊在相互迷恋的友情和爱情的边缘，对彼此的肉体渴望一旦真的实现的时候，那种激动人心的感觉完全覆盖了肉欲带给彼此的快感。我们在往昔的彼此可望而又不可及的那种遥远的情欲中沉浸，并在这种情欲的得到中感到解放。

我有一种难以置信的感觉。从二十岁开始，我第一个在精神和肉体上渴望过的男人就是欧阳予，而今当这个梦中情人真的赤裸相见的时候，我不敢相信自己的眼睛。多少年来，来来往往的男人中有的人上过床，有的人没有，但每一次的性爱比得上此刻心理的满足。假如高潮就是肉体在性爱时得到的生理上的满足，那么精神上的高潮就是在肉体的性爱中因着对性爱对象的爱而得到精神上的昂奋和满足，这远远比肉体上的高潮要难以忘怀。

精神上的高潮让我颤栗不止，就像有人在头上击了一拳，我在几近昏迷的边缘上挣扎，生怕生命离我而去，陷入完全黑暗的寂静中去。

我知道我已完完全全失去了自我。

一星期的会议完全结束了，谈判成功，北京合作公司终于和我们签下了项目的合作意向。纽约公司方面对此很满意，准了我忽然提出的休假计划，我可以轻轻松松地在北京再呆两个星期。

我给纽约的有关人员去了电话，告知行程有变。

我纽约的律师在长途电话上问：“你的离婚手续要不要办？你先生三天两头打电话给我们找麻烦！”

“办吧。”我沉静之极：“然后正式通知他。”

“他很可能拒绝签字。”

“我现在不想去考虑这件事，你看情况处理吧。等我再回纽约时，希望一切手续已办好了。”我简短地说。

接下来的全部时间，我都和欧阳予一起度过。

就像任何一对相亲相爱的夫妻那样，白天他去公司上班，我在家煮饭等他回来。办公完毕，他便会匆忙赶回家来，和我一起高高兴兴的吃晚饭看电视新闻。

我对他居所的简陋条件根本不放在心上。我惊讶的发现自己完全不在乎粗糙裸露的水泥地和充满霉味，没有热水系统的厨房及厕所。我又回到了六年前我过惯的日常生活中去，纽约的舒适生活开始离的有些遥远。

晚上大部分时间，我们除了做爱之外都用来畅谈，谈六年来彼此的变化，谈记忆中的北京，朋友们和我们，为每一个细节争执不休。有时候我们会聊至天明，夜不成眠地反反复复将我们的过去和现在拿来探讨。

欧阳予几乎推掉了所有在晚上的工作和约会

来陪我。有时候晚上的工作约会实在无法退掉，他必须在某个酒店的咖啡厅约见他生意上的朋友谈事，欧阳予便会带我一起去。只要我和他在一起，他就很开心，根本不在乎别人对我们两个人同时出现的看法。

“依华是我的女朋友，刚刚从美国回来。”欧阳予会不厌其烦的一次次对每一个批有及生意伙伴介绍我，满脸的兴奋感。

我会脸上带着永远恰到好处的温和微笑陪坐，听着我完全不了解的谈话主题，一晚又一晚地坐着冷板凳，却毫无怨言。我默默地望着身边谈锋甚健的欧阳予，心里充满温暖。想到多年前初识欧阳予坐在他和李霞的家中充满敬意的听他高谈阔论的情景，我不禁无言的笑了出来。

能坐在所爱的人身边共渡时光是我曾梦寐以求的事情，这份温馨感是我从来不曾领略过的。谈话中，欧阳予会时不时的讲目光扫向我，四目相投，我们便会意的传递着内心的感觉，在座的人都可以感到我们彼此之间电流相交时的震颤。

“我们是彼此的归宿。”欧阳予跟我说。

偶尔，我们会到京城各地方走，像对游客一样留连忘返在我们出生长大的城市中，从颐和园的长廊和北海的白塔，一直玩到天坛的回音壁。

“依华，依华，你听得见我吗？欧阳予在回音壁前冲着不远处的我大叫着，我们什么时候结婚？我可以想象出我们的婚礼，我们未来的儿子！”

回音壁前的游客们禁不住哄然大笑，掉头向我们张望，在众人的目光和笑声中，我们俩毫不脸红地手挽着手离开。爱仿佛有一种神奇的力量，像一股迷惑人的香气在空中飞扬，令人迷醉沉溺其中，难以驾驭自己。我和欧阳予好像出轨的列车凭着惯性往前跑，完全迷失了自己，根本没有想过终点站和到达终点站的可能方式。八年的相识和暗恋结合在一起的那种难以言述的痴迷一旦浮出水面的时候变得如此缠绵和脆弱，让我们彼此喘不过气来的激动使得我们忘乎所以。

我简直不敢想象这是真的，欧阳予对我说，三十二岁了居然还可以再次经历初恋的感觉。他深情脉脉地看着我说，你带给我的感觉让我惊讶，我从来没有想到我会这样放肆地爱一个人。

我们说这些话的时候正在北京冬夜空寂无人的长安街上漫步，听着电报大楼传来的悠扬的钟声，陷入孩提往事的回忆中去。北京的夜晚以及是记忆中的寂寞悠长，带着烟尘的味道带着清冷的感觉，然而我的内心不再孤独。依偎在欧阳予的身边，我感到被疼爱被爱抚的的感觉，那种在寂寞的旅途上终于有伴同行的欣喜。

我和欧阳予在北京城到处游荡，寻找着往昔的影子的同时补充着我们彼此的回忆。我们曾经有的过去是我们最好的朋友，让我们有说不尽的话题。有时我们会在路边生着炉火的食品摊上买上一碗馄饨几个烧饼大快朵颐，有时也会到王府饭店吃最贵的西式自助餐。我们完全不在乎时间也不在乎金钱，只要是能让我们开心的，我们都会去做。

虽然我们很久以前就相识，一直在北京长大，但我们再次携手同游时才真正的明白这个城市每个角落带给我们的感觉与少年是完全不同。北京的变化真可谓是日新月异，很多地方我门已经不再认得。

我们会站在摩登的建筑物前拼命回想以前这个地方的样子。凡是我们儿时去过的地方我们都重新去过，为记忆中已不复存在的一切而叹息也为新兴的改变而惊奇。

我们又去了顺风包子铺，它早已被一个巨大宏伟的五层楼的购货商场所替代。整条小街已经不见了，商场边上是通向飞机场高速公路的康庄大道。

北京的变化之大，令我和欧阳予震惊。每一天我们都有新发现新收获。但更令我震惊的是我们眼光的改变和处世态度的不同。

欧阳予的公司业务繁忙，他根本没有时间继续他的作家生涯，进行艺术创作。成为了生意人后，欧阳予置办了了汽车和手提电话，俨然进入了资产阶层。随着日子变得令许多人羡慕起来，他的生活态度和做人方针也自然变的与以前不同。从前，他常常会为朋友机会时没钱准备一顿象样儿的晚饭而发愁，更会为到月底就花完的工资和稿费在各个方面精打细算。而现在他毫不在乎钱，花起来大手大脚，完全是有了今天不想明天的劲头。大概，这是对过去的贫穷作一下心理补偿吧。他周围的朋友也几乎全换了，大家感兴趣的主题也不再是文学而是经济。

生活已经完全改变，岁月也就不再显得重要。

如果不是我的归来引起的怀旧感，欧阳予是不会再对过去的一切津津乐道的。

在谈起过去共同认识的每个人时，我们自然会谈到欧阳予的前妻李霞。

“算起来，我们离婚已有三年了。”欧阳予这样说：“虽然我们现在仍然客客气气地作朋友，但曾有一度彼此恨过对方。毕竟，离婚不是件容易的事。李霞曾经打算生个孩子来保住这段婚姻，侥幸的是，我们彼此都没有足够的勇气和安全感做到这点。分手的时候，李霞说她最后悔的就是她没能和我有个孩子。大概，命中注定如此吧。”

提到李霞，我颇为感慨，如果说我和欧阳予的认识是缘分的话，李霞无意中起了穿针引线的作用。没有李霞，我和欧阳予根本不会有机会走到一起。世上，命运就是如此残酷，有的人注定只是作抛砖来引别人的玉。

“人生有时候真会开玩笑。我还清楚的记得八年前李霞来找我的那个阴雨天。没想到八年后物是人非，你我居然走到一起了。”

“也许，如果我们没有以前共同的经历和感觉，现在就是走到一起，也不过是旧梦重温的玩一下罢了，之后仍旧是陌生人。就像所谓的一夜风流。”欧阳予无意地说。

“你这是什么意思？难道我们的一切只是旧梦重温？你是说我们就是刚刚认识的话，就是彼此吸引也不会动真感情吗？你大概是一夜风流惯了吧！”我开始不高兴，声音变得异常尖刻，连我自己都始料不及。

“你急什么？我有多少一夜风流都告诉了你，只怕你自己没敢告诉我吧！我又凭什么信任你。大家都说美国回来的人完全靠不住，只是逢场作戏罢了，除了朋友外，连李霞都说我傻，相信你会真的跟我好。”欧阳予似乎也动了气。

一瞬间，我的脸全白了，手脚也一下子冰凉。“你怎么这样讲！告诉你，我韩依华想玩一玩的话，在纽约早玩够了。那里那么多英俊的男人，还用跨过千山万水来北京玩一个连国门都没出过的土包子。”

欧阳予的眼睛红了，愣在那儿，像是喘不过气来的样子。

“你他妈有什么了不起！不过就是在洋人堆里混了几年会讲几句英文而已。北京多的是好姑娘，我不见得会娶一个和洋人好过的女人吧。

话音未落，欧阳予的脸上已狠狠的被我甩了一记耳光。我全身像发高烧一样打着颤，脑子里轰轰的像跑着几辆火车。

“你要什么文化流氓！你以为你自己是什么！不过是出了几本书就以为天下都是你的了。别以为文学时髦的时候当过作家；现在从商时髦了又下海开公司就有什么了不起，别以为玩过几个女人都很顺手，就觉得天下女人就通通倒向你呢！在北京作公司老板有什么了不起，有本事你也给我去纽约混两年，只怕连自己的骨头都捡不回来呢！你冲女人耍惯了威风是不是？你以为我也会像你其他女人那样对你低三下四求着你要你娶我吗？睁开眼睛看一看，我能在纽约混出来就根本不吃你这一套！你今天来求我，我都未必要嫁给你呢！”

欧阳予紫涨着脸一句话也说不出来，完全被我的有一 番急风暴雨的怒斥震住了，而所有的恶毒话一旦出口，我也完全清醒过来。

欧阳予呆坐在墙脚的椅子上，眼睛红红的，似乎还没有回过神来。

“你怎么能这么说，我到底有哪儿对不起你了？”他像自言自语似的反复着这两句话，像一个做了错事挨了骂却完全不知道自己错在哪里的孩子。

我不禁心如刀割。我冲过去抱住他的腰，泪水夺眶而出。

欧阳予也流泪了，泪水滴滴掉在我头发和脖子上。他把我抱的紧紧得生怕我一下子就会不见了似的。

我伸手抚摸着他的脸，心中一遍遍地骂着自己情绪的冲动。

“我们结婚吧，你嫁给我，我就放心了。要不然我总有做梦的感觉，怕一醒来就失去了你。”欧阳予突然说。

这是一生中最令我感动的求婚。

这次的大吵是我们在北京短短几个星期中唯一的一次。这次的吵架使我们顿然明白了彼此在心中的地位，也更懂得了双方因此而产生的生怕失去彼此的恐惧。

我们认认真真地计划了我们以后的生活和分居了两地长途恋爱可能产生的问题。想到将要嫁给自己所爱的人，我禁不住心花怒放。回想到和杰斯结婚时的迷茫和彷徨心理，我更坚定了嫁给欧阳予的决定。

尽管欧阳予的朋友都不看好我们的关系，但欧阳予却毫无任何犹豫。

“我要是在李霞前认识你就好了。其实，从我第二次看见你，我就心动了。记得那天你穿了件鲜黄的上衣，齐肩的长发非常青春勃发的样子。我当时就想，这才是我一直想要的女孩。李霞也看出来我喜欢你，为此，和我很不开心。”

听到欧阳予如此讲，我不禁又回想起初见欧阳予的情景和多少年前我对他的暗恋，一切如同发生在昨天。

我对欧阳予谈到这些往事时，尤其和老棋的那次宿酒经历，不禁泣不成声。

“老棋那个混蛋！”欧阳予的声音充满痛心：“你怎么这么傻？以后不许你喝酒更不能喝醉，如果不开心可以骂我。”

“有了你，我就不再会不开心，我现在完全有了一种归宿感，怎么多年来的漂泊终于有了结果，我开始有真正归家的感觉。能够知道世界上茫茫人海中有一个等待你的爱人和家，那种满足感是非常特别的。从此，我不再会有孤独感。”我笑。

“知道吗，依华，我有一种感觉，我们多少年后也会像一对恩爱的老夫妇手挽手去逛公园，看着我们的孩子长大。”

三个星期闪电般过去了。首都机场上，我和欧阳予难分难舍的告别。

离开的头天晚上，我和欧阳予根本没怎么睡觉，心里都非常难过，大有相见时难别亦难的感觉。北京和纽约相隔如此遥远，一旦离开就像风筝断了线，没有人知道什么时候我们能再次见面。

欧阳予一直把我送到海关的出检口，默默的看着我将各种证件递给海关检查员。

“到了就给我来电话。”他一遍又一遍地叮咛：“一切办好了就回来和我结婚，我会到这儿来接你。”

在海关大厅里，我们最后一次紧紧拥抱。

我无言的看着欧阳予，努力平衡着复杂的心绪。

几个海关职员瞪着我和欧阳予，一脸不耐烦的表情。

那是我在以后历年的旅行中对北京国际机场印象最深的一次。灰暗简陋的机场大厅中和暗淡的灯光下，只有欧阳予站的那一点好像舞台上的追光闪烁着明艳的光彩。他穿着黑色的皮外套，戴着我送给他的那条鲜红欲滴的围巾，站在混着尘土和人体味的空气中，像一座纪念碑似的矗立在一片灰蒙蒙的背景之中。

飞机起飞后的几分钟，乘务小姐送来了橘子水。我接过橘子水，关了头上的顶灯，在疲惫的侵袭下昏昏沉沉睡去。

再次醒来时，飞机已经飞在茫茫的太平洋上空。望着周围陌生的乘客和洁净鲜亮的环境，我突然感到从未有过的茫然。我和欧阳予在北京过去的这三个星期好像从来没有在世界上存在一般流水无痕，我依然孤身一人面对着瞬间袭来的寂寞和孤独感。对欧阳予的思念和这段美好时光的和缅怀突如其来地震慑住我，让我感到从未有过的软弱。我再也无法忍受内心的感伤，禁不住双手掩面而泣，仍凭泪水倾泻而下。

下篇

四

离婚手续办得很艰难而漫长。完全没有料到杰斯会不依不饶地，以一副不是鱼死就是网破的架势与我斗争。虽然我们分居都有两年了，但彼此间因为寂寞还存在着偶尔发生的性关系。因此，杰斯一直以为时间会冲淡我们之间的各种不快，我会和他重修旧好搬回一起住。而我从北京回来后不仅拒绝跟他上床，还真的跟他提出离婚的要求来时，他的震惊和愤怒难以言述。

每一次见面我们都会以激烈的争吵来结束，杰斯在不解和怒火种不止一次地威胁说如果我坚持离婚，他就会到移民局告发说我骗婚来取消我在美国的居留权。

我不知道杰斯是否真的会这么做，心里充满了焦虑。我不得不压抑内心的不快和杰斯反复周旋，希望能说服他协议离婚。我当初来美国是为了给自己多一个人生的选择，现在我不能过因为杰斯而轻易放弃这种选择。这关系到我和欧阳予的未来，我们孩子的未来。

在公司业务的繁忙和离婚战争中，我已经筋疲力尽。

唯一的安慰便是来自欧阳予的音讯。

欧阳予几乎每星期都有信来，电话也每隔几天打来一个。

我最大的乐趣就是读信和写信。每隔几天，我就会到邮局给欧阳予发一堆厚厚的信。每一次出门前收到我的信，欧阳予都会把它放在外套里面，顶着风雪出门时，心里就感到热呼呼的。你的来信是我这个冬天抵御寒冷和寂寞的最佳武器，欧阳予在电话里跟我开着玩笑。

我们分手的第一个月，长途电话帐单已经高得可以买一张美国到欧洲的双程旅行机票。我和欧阳予完全靠电话和信来支持彼此的信心。

双方的家人和朋友知道我和欧阳予的事后，

都对我们期待的理想结局表示怀疑。

“你真的打算放弃在美国的一切，为欧阳予回去？”我在纽约认识的北京女友玲玲也这样问。对于像我和玲玲这样不远千里来到异国它乡求生存，并在此成家立业有了自己新天地的女人来说，放弃已经有的一切不是件容易的事情。

我不是没有想过这个问题，而是没有勇气去面对。我爱纽约的一切，也更爱欧阳予。我知道在这两者之间，必须做一个明确的选择，而这个选择不管是什么，我都要有足够的勇气去面对一生。

这些我只能在玲玲那里寻求安慰，而不可能在信中和电话上和欧阳予探讨。恋爱本身处处充满了敏感的陷阱，不小心就会掉进痛苦的深渊而粉身碎骨，更不要说相隔两地的感情维护了。LONG DISTANCE RELATIONSHIP 是一项艰巨的工作，需要彼此间对相互之间的感情充满了绝对的信任，任何一点细微敏感和猜测都会导致误解，导致双方信心的瓦解。

半年的时光就在这种焦虑的期待中飞逝而过，我完全像一个机器人一样生活，在公司和杰斯的谈判之间奔波着，几乎不知道时间是怎么过去的。

在孤独和寂寞的漫长而晦暗的时光隧道中，欧阳予就像隧道尽头的一个闪亮的光点照耀着我未来的生活。我把对未来的所有期望和希翼都寄托在欧阳予和我的关系上，北京三个星期的共同生活像一个温暖的火盆在纽约感情的冬天里面温暖着我的内心。我想都没有想，当一个女人把生活的期望寄托在一个男人的身上时，她等于把未来架在一个不可知的虚空上，一旦这个男人发生任何变化，她的世界就完全坍塌了。

终于在一个星期都没有收到欧阳予的任何消息后，我病倒了。原以为一般性的感冒发烧两天就好，没想到却拖了整整一个星期。

躺在床上的几天中，我虚弱的只想着欧阳予，惦念着他的行踪。

我试着给欧阳予家里去电话，总是没人接。而电话打到公司去，对方也只是说他不在。我心理嘀咕着，很不是滋味。回想着最后一次和他通话时，他声调的冷淡，我禁不住担心起来。

“我不懂你这离婚的事怎么这么拖拉。如果你不想离婚的话，也就别回来了。”在最后一次的通话中，欧阳予曾经非常不开心地说。

我不想在电话中过多的解释其中的原委，只想抽空回一次北京，当面和欧阳予说清，而他去斩钉截铁的告诉我在我最终没有离婚前，最好不要回去。

玲玲在和她的美国先生回北京探亲前来看我，见到我时，她颇为吃惊。

“你怎么瘦这么多？为了那个欧阳予，值得吗？你也是，纽约这么多有条件的男人，却偏偏倒贴一个你已经六年都没有来往的人。你了解他六年来的感情经历吗？”

“我相信欧阳予，他说过我们是彼此的归宿。”

“我问你，如果你和他的事成不了，你有什么打算？”

“还能有什么打算，自然是活下去的。其实日子怎么都是过，只是开心不开心而已。”

玲玲叹了口气，我完全明白她的意思，她是怕我为了感情而放弃了一切后，万一有什么闪失，我将失去在纽约的根据地，后悔也来不及了。

“好吧，我回去后帮你和欧阳予联系一下，看看他到底怎么打算。你们已经几个月不见了，他也许有了新的计划呢。”

一个月后，玲玲从北京回来，她见了欧阳予后，对整个事情的看法有了改变，对我和欧阳予的事开始持乐观态度。“真正的感情还是在相同语言的对象之间产生的，玲玲感叹地说，和美国关系再好，彼此之间的沟通也搁着文化的代沟而没有那种同种文化和背景造成的那种精神上的触动感。”言外之意，玲玲和她先生之间的关系好像也出现了冰层带。

我想到和杰斯一年的短暂婚姻，毕竟，条件和金钱不能代表人们感情上一直在寻找和期意的归宿感。但凡他能过理解我一些，恐怕我们都不会走到现在的分离道路上。

“他说他之所以不给你写信，只是给你施加一些压力而已。他还是希望能和你有个结果的。”玲玲向我转述欧阳予的意思。

我没有说什么。

上次在病中，我曾反反复复的想过我和欧阳予在北京的每一天，每一个情景，每一句对话。

说实在的，如果我和欧阳予都只有二十多岁，我会把北京的三个星期当作一场美丽的梦只要曾经拥有过就不再乎是否可以得到。但过了二十八岁的我们已经不再是变换多端的青春年少，见过风雨和世面，一旦以为自己真的找到人生的归宿，就不会轻易放弃。我对欧阳予有信心，毕竟，我认识他已近十年。

每当我的信念动摇时，我都会重读欧阳予的来信，从他给成千上万的读者书写过浪漫故事如今专门写给我的情书中，从他文字优美感情充沛的字里行间里，我会再次感动，重新找到回到北京、回到他身边拥有未来一切的坚实感觉。我觉得自己就像远行的航船，等待着有一天从颠簸艰辛的历程中重新回到他温暖的港湾。

杰斯在一个秋雨绵绵的日子来公司找我时，神情沮丧。

他依旧是穿戴整齐，西装革履，白色的衬衫深色的领带。无独有偶，几年前，我们去市政厅CITY HALL结婚登记的那天，他穿的正是这套西服。

“依华”他声音哽咽：“我们就这样完了？可

不可以给我一个真正的原因？”

我看着杰斯，不无感慨。

决定和杰斯结婚，是因为他在当时众多的追求者中外形最站得出来、最有吸引力、最能满足女人面子上虚荣心的一个男人。我在二十五岁那年的理论是一个男人英俊的外形和活力可以弥补他在头脑方面的缺陷，毕竟像我这么一个随着生活的经历越多，对男人的条件要求越加苛刻的女人，嫁给一个实在没有吸引力的男人还不如自己生活。杰斯的年轻，他的乐趣对当时个人生活过于严肃孤独的我来说，起了一种调剂的作用。婚姻在那时对于我更多的是需要，而不是感情的寄托。

我对杰斯，只有感激他在我心里需要的时候曾给我一个家，而没有爱。

可杰斯并不懂这些。

“对不起”我在公司外面的一家法国咖啡店内试着对杰斯解释：“我并不爱你，而婚姻没有爱是生存不下去的。曾经一度，我以为我可以把婚姻和爱当作两种不同的事来看，真的，我试过的。”

“依华”杰斯把手覆在我的手上面：“原来我同意分开一段时间，是以为你会给我一个机会。现在，我正式要求你给我一个机会让我们重新开始。我们年轻，有经济基础，一切还可以重新开始。”

我把手抽了回来：“对不起，我要回去上班

了。”我无法跟他解释我和欧阳予之间的一切，他没有这个能力懂得我和欧阳予之间的故事。

杰斯欲罢不能喋喋不休地讲着，试图说服我改变想法。

我望着窗外三大道上细如棉丝的冷雨飘洒过街上行人撑起的各色伞顶和路边停留的辆辆如同玩具般的小汽车，心思又飘回欧阳予那里，北京此时也是深秋了，是不是也和纽约一样秋雨绵绵呢，街上大概早已是满地落叶秋意阑珊了吧。

“你是不是已经爱上别人而要和我离婚。”杰斯最终问了他一直想问的话。

我笑了笑，话说到此已没了任何意义，何必解释呢。

“杰斯，再见了。如果你愿意，我们以后还是朋友。”

走出咖啡馆，雨开始停了，我已经没心思去上班，只想回家坐在温暖的公寓中在玻璃窗里看着灰蒙蒙的天空想欧阳予。

身边有个女孩走过，撑着把桃红色的雨伞，在阴雨天的灰暗中显得异常耀眼。

我突然想到多年前李霞的那把红伞和以后发生的所有故事。我和欧阳予的故事又会有怎么的结局呢？

杰斯走了，带着满心的失望。“希望你有一天不会后悔你今天的决定。”他临走前如是说。

后悔？会吗？我暗自思忖：以后不管发生了

了什么事，我都不应该后悔，就像我不会后悔和杰斯结婚，不会后悔和欧阳予的承诺。无论如何，在任何关系中，我得到我所需要的东西，安全感也好快乐也好，而这些只有自己才明白。这样，就是有一天，你什么都失去了，内心也会是平衡的。更何况，如果一个人凡事都担心是否以后会否后悔当初的决定，那么开始就不应该做。

雨早停了，在凝满秋意的潮雾中，曼哈顿的黄昏像一朵寂寞开放的璀璨夜花在城市的各个角落里悄然开放。

离婚最后办好的时候，一年已经快过去。

九三年的冬天开始降临了。

好不容易在电话上找到欧阳予，告诉他我打算回去看他时，他似乎并没什么兴奋的感觉。我直觉的感到事情似乎有变。

“如果你不方便的话，我可以先不回去。”

我试探着问。

欧阳予沉吟了一会儿说：“要么你还是先回来吧。”

我的心开始沉落。

我一方面非常地希望欧阳予会告诉我他的真实想法，一方面又害怕听到我最不愿意听到的事情。在矛盾的心情中，我定了回北京的双程机票。

我决定先不做任何变动的利用年终假期回去看看，如果一切有变的话，我还可以做其他打算，至少我不会失去太多。

现实中，人往往考虑甚多。当感情的潮水退却后，真正的自私才会暴露出来。我在纽约生活多年，考虑事情必须基于自我保护的本能。

决定起程之前，我再次给欧阳予家里去了电话。

此时，正是纽约的白天，北京的夜里。

电话接通后，对方是一个睡意朦胧的女声："喂，哪位？"

同样的女声接电话已经不是第一次了，以往我都会默默的放下电话，可这次我决意要弄个明白，既然欧阳予毫不顾忌，我又何必客气。

"我是欧阳予纽约的未婚妻，请问你是谁？"

对方的声音颇为惊讶："我是他女朋友，我可从来都没有听他是说起过你。"

"好吧，等欧阳予回来，你自己问问他吧！"我挂上了电话。

其实，我并不是不在乎，而是自问没有这个权利。毕竟，这大半年来，是我让他处在等待中的。女人大凡有两种，一种当发现情敌的存在后，会怒从心头起恶像胆边生地勇往直前冲向目标；另一种则会退一步海阔天空地等待目标自己做出选择。我一向属于后者，持着是你的跑不掉，不是你的争也没用的信条做人。在感情游戏中，我从来都把骄傲看成是自尊的表现，特别是当我把我和欧阳予之间的感情看得太神圣不可侵犯的时候。

一连几天，欧阳予那边没有任何消息。我多么希望他会打个电话来解释原委。只要他来电话，其他的都无所谓。我知道如果他心里还有我的话，他会来电话的。

几天的等待中，我常常回想我们在北京度过的那一个月，美丽而狂热的一个月。也许人的一生有过这么一次轰轰烈烈的灿烂，就该知足了吧。我真的没有后悔。如果时光倒流，我还会义无返顾地按照我的激情重走一遍的。

纽约那年的冬天非常地冷，几乎每几天就下一场厚厚的大雪。曼哈顿市区一片白茫茫，街道两旁停放的各式汽车一夜间会变成一座座雪丘立在那里，连绵起伏，蔚为壮观。

穿着厚厚的开士米大衣沿街从东城向西城漫步，我浏览着两旁灯光闪烁色彩缤纷的商店橱窗。第五大道上空已挂上了每年为圣诞节准备的巨型雪花球灯，耀眼非常。城里所有树都披上了串串灯火，在夜里像一簇簇怒放的火树银花。

一年一度的圣诞节即将来临，曼哈顿最美丽的季节。

记得在北京时，我和欧阳予就是怎么沿着长安街漫步。相比之下，北京的冬夜幽暗而没有生气，干冷的空气中弥漫着淡淡的煤烟味。但我和欧阳予却是非常地开心，拥有彼此的实在感使我们可以傲视整个世界。

“纽约真的那么美吗，像电影里的那样？不是给美化了吧？”

欧阳予好奇的问道。

我微笑：“只怕电影根本拍不出纽约真正的感觉。纽约就像一座不夜城，到处灯火辉煌。如果夜里睡不着，可以到各式酒吧和咖啡馆坐坐，喝一杯浓浓的意大利咖啡，坐在暖气十足的屋里，隔窗看灯火闪烁的夜景，非常之享受。”

“那你真的会为我放弃这一切回北京吗？”

“真的，不是回北京，而是回你身边。”

“说实在的，我真怕自己等你等的像北海的白塔，孤零零的，而你却一去不归。”

此刻，站在曼哈顿的街头，回想过去的对话，我只觉得自己像白塔一样孤独。

半夜，电话铃声急响，我伸手接过，听见越洋长途电话的背景声，心马上开始绷紧。

“是韩依华小姐吗？”我即刻听出了她的声音。

“请问什么事？”我尽量保持平静，但心中还是有种不祥的感觉。

“听说你要回来了，我想先告诉你一声，欢迎你回来喝我们的喜酒，我和欧阳予要结婚了。”

我呆住了，反应了好一会才问：“欧阳予现在在哪？”

对方的声音忽然变得极之不悦：“你不要一相情愿了。我知道这么多年来你一直喜欢欧阳予，可他对你却没什么感觉。告诉你，我和他同居快一年了，他从来都没有提到过你。接着，她又絮絮叨叨地说了好些欧阳予是怎样追求她，如何亲自驱车到她父母那里求婚。我怔怔的听着，好像是在听另一个跟我好不相关的人的故事。

放下电话以后，我的脑子里一片茫然。

我做梦也没想到，欧阳予居然没有给我打电话。他根本不在乎我的感觉，我虽然并不相信这个女孩的话，但不得不怀疑欧阳予对我的诚意。

强烈的难以置信下，我给玲玲拨了电话，听到玲玲充满睡意的声音，泪水便奔腾而下。在那一刻，我知道我永远失去了欧阳予， 失去了我以为我可以相依终生的伴侣。

至此之后，欧阳予像是从地球上消失了似的，杳无音讯。

我不顾玲玲的反对还是给欧阳予写了一封长信，回顾了我们相识以来的种种，希望作为多年好友，他能够解释一下到底是怎么回事。我心里不愿意相信一年不到，我和他之间一切就已经彻底改变。

我并不是在乎一纸婚约，我在乎的是我们多年的了解和爱。

北京那面没有任何动静。

五

再度为公司的项目回北京洽谈时，已经是两年以后的夏天。正是炎热的八月份。北京城里城外一片尘土飞扬，大兴土木。更多的酒店和居民楼再兴建中，而几条环城公路已经竣工，整个城市面貌比两年前更为焕然一新。

我是和大老板的首席财政顾问汤姆回去谈一个合作项目的。

财政顾问汤姆是一个三十五岁的瘦个子美国人，哥伦比亚大学的商学硕士，非常精明，他和我认识几年，对我爱慕以久。我们平常除了工作外，常到酒吧喝酒聊天，上至天文下至地理，男女之事无所不谈。我跟他谈到欧阳予时，他大为不屑，认为我在找男人方面没眼光。

“依华，你这人是聪明反被聪明误，尽找些不配你的男人。”

“告诉你，他是作家，比你有感觉的多。”我心中不快，开始翻脸。

“可他没有我对你真诚，我喜欢你这么久，也等了这么久。如果说除了你，我没有和别人结婚的兴趣，我是会做到的。假如你肯给我一个月，我会让你成为世界上最幸福的新娘。”

我冷笑：“你怎么会下这么大的赌注？”

汤姆摇头：“一个聪明的男人如果找到一个

相配的女人，他就知道他不应轻易放手。看来欧阳予显然聪明，但根本没有品位，不懂女人。”

我的眼眶红了，赶紧用笑遮掩过去：“算了，少这么说。别人还以为我们睡过觉呢！我们连手都没碰过，谈什么结婚？！美国人从来是先兵后礼，还没听说过盲婚的呢。”

汤姆气得只管喝酒，不再理我。美国人就是这点直率，自己喜欢什么就不管不顾，完全没有中国人的含蓄。

住进长城酒店，我和汤姆忙着处理工作上的事宜，为第二天的客户会谈做所有的准备工作。我喜欢跟汤姆出差，对工作精益求精到完美的他永远不会出差错，跟他工作你永远不用担心是否做对、做好，他永远会弥补别人的不足，让你不用担心结果。此次来北京出差我已经心猿意马，知道不可能再工作上相往常一样做到完美。我心里明白汤姆的认真和他对我的喜欢足足可以让他为我可能出的错误做好挽救工作。有他垫底，我知道我不用像平常一样几乎用全部的时间费心工作。

“晚上我们好好吃一顿，然后你带我到各地方转转，让我这个老纽约也开开眼界。”傍晚时分，汤姆对我说。

我含糊地点头，神情迷惘地看着他。不知道为什么两年不见，北京给我一种茫然仓皇的感觉。

两年前我以为我在北京找到归宿，两年后，故地重游我依然孤身一个人，这种失落带来的茫然让我在北京黄昏将临的时刻更加感到异常寂寞。站在汤姆顶楼客房里，眺望着玻璃窗外北京北城的一边黄昏的苍茫景色，我的心充满了莫名的哀伤，大有一种不见去年人，泪湿春衫袖的感觉。

我先去换洗一下，我语调疲惫地对汤姆说，我再打电话给你。

回到我的房间关上门，我想都没想就给欧阳予拨了电话，正好是他接的。

“是我”，我单刀直入，完全没有废话：“我住在长城，想见你一面。”

“我现在没时间”欧阳予声音没有任何变化，像以往一样沉着，不带任何感情色彩，仿佛完全没有两年以后的某个时刻接到起前情人电话的那种惊讶或者感触。他好像很平淡地说：“这些天忙着开一个会还要写一些东西。你这次来呆多久？要不要再打电话约时间？”

“告诉你欧阳予，少跟我来这一套！我不过是想和你谈谈，你怕什么？你有时间也好没时间也好，这个面是见定了。如果你不出来，我就去你家找你。我不会顾及你面子的。”

话一落音，我都为自己的无赖态度感到吃惊，什么时候我也变成了泼妇一名呢。

欧阳予的反应也出乎我的意料，他顿了一下说：“好吧，那今晚在长城大厅见。”

我反到怔住了，看来做人还是要厉害点才有用，起码能唬人。很显然，欧阳予怕我去他家闹，撞上他的同居女友。我是不会幼稚到还以为他旧情难忘的地步的。

“对不起，失陪，今晚你自己吃吧”，我在酒店的酒吧里见到梳洗完毕等待着我的汤姆说，“我晚上有约”。

“是不是去见欧阳予？”汤姆料事如神“你不会再来浪漫的一个月吧？公司可没那么多的假给你。”声音中已有了几分冷意。

“随你便！”我转身就走。

“依华”汤姆一把将我拉住，蓝眼睛严厉的望着我：“你怎么这样不懂事？我不想看见你在受伤害。你明知道他已不再爱你，或许他根本就不懂什么是爱。我是男人，我懂！一个男人真的想要一个女人时，他什么都能做到，等待算什么！”

汤姆的每一句话都如子弹般的打在我心上，把这些日子来的伤心和失望全部翻了上来。我不敢相信他说的都是真的，我不能相信。

“对，我就是这样自找活该。”我板着脸，极力忍着涌上的泪水。“只要他愿意，我还会和他和好，管他结不结婚，爱不爱我，只要我还爱他，就不在乎其他。反正，人活着就是找开心不是吗？”

我以为汤姆会对我的破罐破摔再骂什么，但他没有，只是木着脸叹了口气，然后松开了抓住我胳膊的手。

在酒店大厅的咖啡座上等了十分钟，我已经开始失望，欧阳予也许根本就不会来，他要让我完全的死了这条心。

我站了起来，准备踱到大厅的喷水池前，然后回房间。

面对假山上的喷泉时，有人在背后拉了拉我肩上的挎包带。

欧阳予！我倏地回过身来，和面前的他四目相对。

欧阳予胖了一些，眼睛也因此失去了昔日的某些神采。他穿了一身普普通通灰蓝色的衣服，似乎落满灰尘。 或许是我的眼光已经改变，他好像老了许多，已没有了一年前我和他疯狂相恋时具有的那种男性的神气和力量。站在那里，他整个人给我一种陌生感。

"你还是那样，没变。"我虚伪地说。

"你也还是老样子，只是头发剪短了，我还是比较喜欢你长发披肩的样子。"

长发为君剪？我暗自冷笑。

我们在酒店咖啡厅坐下，要了两杯咖啡。

我从没有想过和欧阳予的再次重逢会是这种场面。整整十分钟，我和他都像陌生人一样客客气气地问寒问暖，没话找话地虚情假意一番。两个人都小心翼翼地绕着圈子，生怕触及到某个话题似的。

凝视着欧阳予顾左右而言它而好似躲躲闪闪的目光，我心里很是难过。曾经，我们是那样的相亲相爱，计划着在这里建立一个温暖的家。甚至就在这个酒店咖啡厅，我们曾相依而坐，笑谈将来的一切。在机场分别的时候，他曾深情地凝望我，告诉我他会等着我的归来。仅仅一年的时间，往事仍历历在目，而一切都已过去。我低头喝咖啡时，欧阳予忽然开口了："依华，是我对不起你。"

"有什么对不起的？"我装作愕然，像的几乎乱真。"我们不还是朋友嘛，谈不上什么对的起对不起的。"

"我知道我伤害了你，这完全是我的错。"

我抬头看这欧阳予的眼睛，在那里面我曾经看到过的真诚和热情已经被一种游移不定所代替。

"你有没有和她结婚？"

"没有。根本不可能。"欧阳予摇头："我不知道她给你打电话的事儿，反正这种人就是这样讨厌。原以为是逢场作戏，没想到她当了真，就这样缠到现在。"

我看着欧阳予，非常失望。他到现在还不跟我讲真话，以为我是傻瓜吗？

"那你为什么不给我打个电话，解释一下也好吗。其实我不过是想从你嘴里听到这一切，而不是从其他什么人那里。"

"我能解释什么？讲清分手？我不甘心；装

没这事，那不是骗你嘛。”

“你不是骗我骗得很成功嘛！我曾经以为别的女人不过是你生命中的过客，而我才是唯一的归宿。现在看来，我大错特错了。说句实话，我并不在乎你和谁好，我在乎的是你根本无所谓我的存在。你处理事情的方式和态度令我失望。”

“你有权恨我，依华，我伤害你和她两个人。不过我希望你还会给我们彼此一个机会。我知道你也许不会再轻易相信，可我对你是真的。”

“曾经，你是真的爱我，现在，就很难说了。你知道，我要的是一个我完全可以信任可以依赖的归宿。如果只是PLAY GAME话，我不会飘洋过海来玩。其实，从你这么久以来的沉默，我已经知道了我在你心中的地位根本无足轻重。”

我再三告诫自己不要激动，然而依然没能控制住情绪。

我坐在幽暗的灯光下，望着眼睛根本不敢正视我的欧阳予，心里痛楚而又绝望。我难以相信我们曾狂热相爱，拥有过惊心动魄难以忘怀的一个月。

此时的欧阳予，我已完全不再了解。

“要不要我叫车送你回去？”看着欧阳予和服务员结帐，我尖刻的笑着说。当年我们热情相恋的时候，总是由我付账，现在我却安稳地看着他付钱。当一个女人不再爱一个男人或者对一个男人的感情有限的时候，她永远不会付钱。

欧阳予一语不发地和我并肩走出酒店，上了他停在外面的汽车。

“去我朋友家，我有钥匙。”他只简单地说了这么句话。接下来的路途上，他都沉默着，像是很疲倦。

下了出租车，我和欧阳予一前一后地沿黑洞洞的楼群向他朋友家走去。夜已深了，没什么人迹，楼群外面和楼道里面到处散乱放置的自行车令我们在暗中跌跌撞撞。这种感觉让人想到偷情的少年男女，而对于我们的年龄来说，那应该是多年前的事了。

夏夜的风从京城的远方飘来，依旧是那种多年前熟悉的温馨，带着野丁香花和槐花混和的味道。我想起年少的时代和那些多年前的往事，这一切令我眼眶湿润。

摸到楼道路口时，欧阳予忽然拉住我，我还没有反应过来就被他整个抱住。他身上依旧是淡淡的烟草味。

“原谅我，”他喃喃低语：“我依然爱着你。”

在这一刻，我清晰地体会到往事重温的感觉。

和欧阳予的那次性爱赫然使得我发现了自己对他的感情已经全然不再。在整个做爱的过程中，我都可以清楚地看到自己审视的目光扫过他开始发福的腹部，他做爱时的某种令我讨厌的表情和姿态。我没有任何激情和没有任何欲望地和他机械地性爱，仿佛是多年的夫妻激情不再以后的定时例行公事。

我想象着当年的激动和狂热，想象着那时候的一切带给我的关于未来的玫瑰色梦想。不过两年的时间，当激情的潮水退潮之后，海边剩下的已经是各色支离破碎的记忆，在往事曾经辉煌过的光彩中逐渐黯淡。

回首当年，欧阳予充满了我的精神，却从来没有给我带来过肉体的高潮。而今一旦精神上的高潮已经消失的无影无踪之后，肉体的享受更是昨日黄花，美好不再了。我试图将我自己带入到和陌生人的一夜情的那种刺激中，然后即便是这样的尝试都是失败的。欧阳予已经成为了让我最没有性欲的男人，这个念头让我顿然清醒过来。

完事之后，欧阳予用重新得到了世界的那种口吻对我说，我知道我的结婚对象还是你，只有你让我重返激情的年代。

我默默地起身穿衣，在他开灯之前扭头对他说，我想我们以后不会再见面了。

欧阳予的神色一定充满了愕然。他永远不会想到在我的心目中，他已经丧失了全部的地位。

依华，我一直是爱你的。

你跟别人说去吧。我冷淡地回答着，走出那个身后灯光骤然亮起的屋子。

摸黑走进酒店的房间，我扭开客厅的吊灯开关。

如水倾泻的灯光下，我赫然看见汤姆一脸阴郁地坐在客厅的沙厅上，吓了一大跳。

“一夜风流啊！”他冷笑着。我看清他手上是一杯橙色的马提尼，茶几上的瓶中只剩下了半瓶酒。

“关你什么事？！”我扔下手中的银色皮包，甩下脚下的银色半跟皮鞋，走到衣橱前。落地镜中，我看见身上银色的吊带丝绸长裙已经爬上了许多皱痕，修剪时髦的短发也有些零乱。

“不用担心，你依旧亮丽如昔。”汤姆走到我身后，将手中的半瓶酒连杯子一起递给我：“那个欧阳予不知托了什么福，有这么一个漂亮佳人随时供他使用。”

“你少放屁！”我将手中的酒一仰而尽，仿佛连同昔日的记忆一起埋葬。

“告诉你，这次是我玩他就像你们男人玩女人一样。其实，我对欧阳予已经没有感觉。他也是个聪明人，我们俩的一切都在今晚结束了！”

汤姆呆呆地看着我，大概没有想到我会如此无所谓吧。

连着几杯酒直灌下肚，我已经失去一半的感觉。这是我多年来第二次醉酒。半瓶喝完了，胃里开始烧得难受。我已经一天没有吃东西了，感到头重脚轻飘飘欲仙。

“怎么样。”我听见自己在尖声冷笑：“今晚要不要留下来陪陪我。”

半夜开始酒醒，我在床上直坐起来。

依旧是北京的夜，空气中混合着熟悉得不能再熟悉的陈旧家具味和尘土气息。恍惚间，我还以为是那年冬天在欧阳予的怀抱，重温那种不真实的幸福感。

汤姆在睡梦中被我惊醒，呢喃地说，快睡吧，明天还要早起呢。

我错愕地望着身边的近乎陌生的男人，不知自己到底身在何方。

别多想了，睡吧。汤姆咕噜了一句又翻身睡去。他身上的男性香水味道带给我强烈的陌生感，我难以想象汤姆在纽约追求我这么久以后居然在北京和我同床共枕。

我再也睡不着，呆怔着想心事。夜晚的时候最容易感怀旧事。此刻，坐在床上看着窗外一片灰暗的天空，我难以忍受内心的感伤。就像多少年前在诗人老棋床上宿酒的那个二十岁的自己，我再也阻止不住地放声痛哭。物是人非，这种感觉着实让我心碎。

在北京的一个星期里，我不再接欧阳予的电话，他给我留了话，我也不回。每天，我都和汤姆忙着和客户的谈判工作，到了晚上就跟汤姆去酒吧里喝酒买醉。我和汤姆都没有提起过那个晚上我们酒醉以后睡过一床的事情。那是个心灵破碎而不堪回首的夜晚，我发誓永远不要再过一个孤独哀伤如那夜的日子。

飞机回纽约的那天，我戴着墨镜和汤姆坐在商务舱中，脸色木然，心中的感伤难以诉说。

“依华，我知道这话不该此时讲。”汤姆看着我，一脸真诚：“我希望嫁给我。”

我扭头看着窗外北京机场上忙碌的人们，泪水潸然而下。

人生之路如此，有的人来了又去，有缘无份。有的人则因一时机会得以停留下来。遗憾的是在如匆匆过客的生命路途的云烟中，多少曾爱的往事曾爱的人，都仅仅成为长留的记忆而已。

像往常一样，乘务小姐送来冰镇橘子水，我照例接过，一饮而尽。

飞机拔地而起。我知道此去将不知何日再归，而再归时我将成为一个陌生过客，就像北京与我已经完全陌生。很久以前，我在此拥有一个家；两年前，我想过和爱的人重新建一个家；而现在，我在此什么都不会再有。

尾声

季节来了又去，去了又来，冬天重新降临曼哈顿时，九五年圣诞节已在拐角了。纽约城到处灯火通明、金碧辉煌，一片火树银花佳节在望的热闹气氛。

我终于在那年秋天嫁给了汤姆，遂了他多年的心愿。婚礼的时刻，面对着所有到场的同事和朋友，我在教堂的通道上走向站在圣坛边等待我的汤姆，心里恍然有过一丝茫然，一瞬间，我期望自己走向一个挚爱的男人，一个愿意终身相许的伴侣。我知道在那一瞬间，我还是不自居地想起了欧阳予，想起了我们曾经的许诺。在那恍然如梦的瞬间，我感到泪水湿润了眼眶，眼前一片模糊。教堂里人们的笑脸也被我的泪水打动，他们绝对以为我被幸福冲昏了头脑，快乐得感动。我看到人们脸上的感动和陶醉，我看到汤姆脸上的笑意。

真没有想到，再次嫁人的时候，依然嫁的是美国人。只不过，杰斯和汤姆是完全不同的两个文化层级上的人。在第五大道路的繁忙人流中，我和一个人擦肩而过时碰了一下。

“韩依华！”那人叫我，一口北京腔。

我完全呆住，根本不认得眼前这个满脸堆笑身材矮胖的中国男人是谁。

“记得吗？我是欧阳予的朋友老棋啊！我一眼就认出你了。你现在打扮得这么漂亮，简直惊人。难怪欧阳予对你念念不忘哪。”

面对着十二年前的艳遇对像，我平静如水，脸上一付公事化的笑容。欧阳予的名字在我的心里隐隐激起一点涟漪，而很快又风平浪静。

“欧阳予怎么样，好吗？”

“他小子发财了，现在公司都有好几家了。”老棋忙着从书包里翻照片给我看。他告诉我他刚刚从北京回来，打算和欧阳予一起做跨国生意。

“知道吗，我和李霞结婚了，现在正办她出来的手续。”老棋透露给我的消息令我惊讶不已。命运就是这样的奇怪，十二年前，我因为暗恋欧阳予而糊里糊涂地和老棋上床，十二年后，老棋终于娶到他一直暗恋的李霞为妻。这种归宿是任何人都没有想到的。

想起李霞那年春天打着红雨伞来我家宣布她和欧阳予的婚讯的雨天，好像已是陈年往事了。那是一个遥远的崇拜文化梦想成名成家的时代，离今天已经十多年了。

老棋好像也颇有感触：“曾几何时，我和欧阳予还做过得诺贝尔文学奖的梦呢。没想到今天还是靠做生意发财，书也不用写了。喏，这是我和李霞结婚时拍的。这不是是欧阳予嘛，他如今已经是北京的钻石王老五了。”

照片上，盛大的婚礼场景前面完全是一群近

乎陌生人陌生的面孔。在这群面孔之中的那个盛装的新娘已经不再是我曾认识的那个充满青春笑靥的李霞。其中，一个胖胖的中年男人，似曾相识的面孔笑呵呵地望着我。我难以相信，这就是我曾倾心挚爱过的欧阳予，曾几何时，我们还以为是彼此的最终归宿。

下雪了，曼哈顿的上空飘满了白色的绒花，在高楼丛深的街道缝隙中缓缓飘零着，带着童话世界般的幽静和浪漫。这是一个白色的圣诞。

艺术家的情人和老婆

芦雨亭在一个雨夜来到她情人在 RIVINGTON 街上的住宅。

这是临街的一家店面，玻璃门外是沉重的大铁门，上面无一例外画满纽约最常见的各式涂鸦。

已是四月末，天气依然没有转热的迹象，风吹过来依然带着很重很有些刺骨的凉意。雨斜斜的有些急，芦雨亭的几缕头发已湿湿地贴在脑门上，使她的脸色更显苍白甚至发青。

此刻，RICINGTON 整条街已寥无人迹，空空荡荡的只有偶尔蹿过的几只老鼠和野猫，各自慌张地奔向沿街被人遗弃的垃圾堆或是荒凉的角落。

铁门被拉起又放落时，发出空旷的巨想。

这是一个寂寞的雨夜，没有人注意到芦雨亭的来访。

艺术家萧的宽畅的住处堆满了他的画具和颜料，墙上到处挂着他完成及正在完成的巨幅作品，异常鲜艳夺目的色彩在灯光下闪着诡异的光泽。

萧是纽约一名开始小有名气的艺术画家，他的作品已多次参加过欧洲的艺术画展，并在纽约下城的几家画廊里寄售。

纽约下城是著名的现代艺术摇篮，凡是跟艺术沾边的任何东西都应有尽有，各色号称艺术家的人马更多如牛毛。对于那些许许多多在生活边缘挣扎的年轻艺术家来说，能在画廊签约卖画已是梦寐以求的事，而对骄傲的萧来说，他的野心何止于此。他对自己在艺术上的要求和 愿望其高无比，根本不是一般人所能理解的。他并不满足他现有的成就，他期望着有一天能成为巨星，在下城 BROADWAY 百老汇街上又有一幢巨大的楼房，开自己的画廊和画室。这是他美国梦的一部分，为此，他愿付出任何代价。

人如其画，萧本人也是一个桀骜不驯倜傥无羁，用大把的青春在男孩和男人的界限边缘左右徘徊的年轻人。

对于女友芦雨亭的雨夜来访，萧充满了期待。

他迷恋并挚爱芦雨亭的事实是令人无懈可击的，这从他宁愿冒着失去他老婆孩子的风险也要和芦雨亭来往这一点上得到了明确的证明。而使萧迷惑不解的是女友芦雨亭似乎并不明白他为她做的牺牲。这一点也是萧从芦雨亭情绪不定的变化中得到证实的。

但无论如何，萧在今晚还是耐心期望着女友的情绪处于两人关系的最佳状态。他刚刚完成了一件小小的水彩画，准备送给芦雨亭，让她有一个意外的惊喜。除了芦雨亭外，他一向坚持着不送画给任何人的原则。

芦雨亭此刻恰恰处在她最不稳定的情绪中。

坐在萧的画室中仅有的一张沙发上，芦雨亭两只纤细的手环抱在胸前，上身挺立着，两眼迷茫地注视着墙上的画作。她充满热带风情的花雨伞斜在地上，慢慢地汪出一小滩积水。

萧欣赏着女友的优美姿态，他喜欢她那种不经意时流露出的迷惘的神情，感觉山个像一件处于静态的艺术品。

芦雨亭是服装杂志的摄影模特儿，举手头足都带着一种近于完美的画面感，使得她别具气质，在华贵和纯真的混合中令人着迷。萧不禁将女友拥入怀中，感到她在寒气中的纤弱，心中顿生怜悯。

我怀孕了，芦雨亭用近乎于平静的语调告诉萧这个惊人的消息。

食品水果店的韩国人金老板在拂晓时分开店

时，注意到隔着街对门的画家萧的店面有些异样。

金老板是第一个在RIVINGTON街上开水果食品商店的韩国人。两年下来，他目睹了周围所有店面的兴衰和迁移，也对RIVINGTON街各个行业发展的大起大落也见怪不怪了。

几个月前，艺术家萧搬进对面的店面时，金老板开始并没有特别地予以注意。虽然萧如瀑布般的黑色长发，配上前卫而不拘一格的穿着格外鲜明，和RIVINGTON街上及周围陈旧低调的环境格格不入，金老板倒不像其他人那样在乎，艺术家嘛，当然和一般人不同。

不过，有一件事引起了金老板的好奇。

艺术家萧的生活似乎出入着两个完全不同的年轻女人。

两个女人之中，高个子的东方姑娘长发飘飘身材高挑，衣着时尚醒目颜色却柔和淡雅给人舒服感。她绝对是一个走在街上都会令男人回头再看的漂亮女人。身材矮些的西方女子完全是另一种类型，沉默严肃，眉宇之间锁藏着淡淡的苦涩，令她有一种超越年龄的成熟。

金老板远观已久，从身体语言上来看，萧和高个女人明显是一对情侣，两人从来是很亲热的手挽手肩并肩出入在RIVINGTON街上。而深棕短发的较矮个子的女人和萧在一起时的客气有理，更给人一种类似兄弟姐妹的关系。金老板不禁猜测艺术家萧和这两个女人到底是怎么一回事。

金老板不是多事的人，但他还是忍不住在一个客人稀少的傍晚做了好事的举动。

那天晚上，深棕发的女人从萧的画室出来，径直穿过 RIVINGTON 街来到水果店买东西。

你们店什么时候开张啊？金老板打着招呼。其实，他想问的是脑子中的另一个问题。

快了。女人客气地笑着。

你和萧先生一起开店？金老板明知故问道。

不，这是我先生自己的工作室，我来帮他整理一下。

金老板在目送艺术家的妻子的背影消失在街对面的铁门后时，心里完全明白了怎么一回事。

所以，在这个雨后的清晨，金老板注意到艺术家萧一反往常的神秘的作息时间，早早打开铁门时，他并不惊讶。

金老板看到那个高个子穿着青色丝绒紧身短裙的漂亮女人和萧一起从屋里走了出来。萧长发散乱，神情疲惫，而那个年轻女人眼睛红肿，一脸憔悴。

芦雨亭完全让怀孕这件事击倒了，她处在极度彷徨和茫然之中。

芦雨亭不知道自己是否应该要肚中的这个孩子。

芦雨亭一直有一个在别的女人看来很奇怪的想法。她认为她此生要么就不要孩子，要孩子的话就要和自己爱的人生。她可以不因为爱而结婚，但不可以没有爱而生孩子。

在她二十八年的生命中，她有过男朋友，和人订过婚也为绿卡而结过婚，但不可以没有爱而生孩子。现在，她怀了孕，怀了自己爱的人的孩子，她不但没有欣喜若狂，反而充满忧虑。

一切的起源都在于她爱的人萧是个已婚男人。对未婚女人来讲，一个男人再好，一旦结了婚，就没有什么价值了。就像一本借来的书，内容再精彩也只是借来的，而并不能名正言顺的拥有。假如芦雨亭所需要的仅仅是和萧在一起的开心倒也罢了，要命的是她完全爱上了这个能给她带来开心的人。事情也就是从那一刻开始起就变的麻烦了。

按说，芦雨亭是个聪明能干的女人，不必用感情做赌注来和男人较量。她还年轻漂亮，有资本来从容地为自己的终生选择一个可靠的单身男人。可是谁知道，爱这种感情不来则已，一来便气势凶猛，挡都挡不住。一旦陷入了感情的旋涡中，任何人都难以自拔。

芦雨亭和萧的来往已经一年有余。以来在一起只是因为能讲到一起去而开心，后来意识到世界上真正能讲到一起去的人并不多便动了心。人一旦动了心，便难在往回收。于是，芦雨亭眼看着自己愈陷愈深却无能为力。

人在感情之中，往往是最天真的。

芦雨亭开始期望她和萧有个好的结局。

和男人不同的是，女人是感情的动物。他们对于感情上的得失看重的如同男人们对于自己事业。对男人来讲，事业上的成功与否决定着他们生活上的快乐和幸福；而对女人来说，事业上再成功也不如得到一个如意的终身伴侣那样令他们幸福。

芦雨亭根本上也没有一个事业，她不过是一个没有任何名气的摄影模特儿。像她这样为 邮购时装杂志拍广告的女孩子在纽约多得遍地都是，靠青春美貌吃饭。如果没有特别出色的条件和机遇，大部分做这行的女孩到了一定的年龄都得转行。芦雨亭对此不是没有焦虑的。

几年下来，芦雨亭攒了点钱，为自己在东上城买了间小公寓。她知道在她找到合适的结婚对象之前，她要为自己的将来做打算。

很多女孩想嫁人的目的是为后半辈子找经济的靠山，雨亭却不这样想。她要找的是感情上的伴侣，像她父母那样恩恩爱爱的工作生活在一起。

爱上已婚艺术家萧使雨亭喜忧参半。

她知道自己在用对后半生的希望做赌注，来进行一场难知输赢的赌博，弄不好会江山尽失。

在这种情况下怀了孕，芦雨亭不得不三思而行。

下午时分起了风，使原来刚刚开始暖和的春日一下子又冷了起来。

这个春天，纽约的天气似乎有些反常。

而 RIVINGTON 街上的春意从三月就开始暗暗的弥漫。街上西裔女人开始露出白色的大腿，在沿街的各色的店铺和摊子前三五成群的流连。金老板的水果店也把大批水果摆在店门口的摊位上向路人兜售，红红绿绿的桃梨香蕉在依旧冷冷的阳光下闪着新鲜的光泽。金老板的墨西哥伙计阿米诺从三月开始就坐在门前的摊位上洗水果，与隔壁的面包店伙计对街上路过的女人品头论足。

艺术家萧对街上传来裹着女人嬉笑的春意根本没有任何感觉。

他赤裸着上身埋头在他的木雕画前烧烧刻刻。他长发上散落着点点白色的木屑，屋子里弥漫着木头被烧焦的味道。

在整个的下午工作中，艺术家萧变的烦躁不安，他时常停下来呆望着手上的木刻画出神，思想难以集中。

女友芦雨亭的怀孕给他的生活带来意想不到的阴影。

萧是一个生活在他所创造的艺术世界里的人。芦雨亭出现在他的生活中之前，他从来没有仔细考虑过他的婚姻生活到底是什么，就更没有想过离婚的问题。自从他和美国留学生苏珊结了婚，从中国来到纽约后，他想的完全是他的美国梦的实现，现实生活中的种种实际问题对他距离遥远。

他没有想到爱上雨亭会给他的生活带来一百

八十度的改变。

萧和雨亭的恋情的开始就像任何婚外情一样是瞒着他太太苏珊进行。虽然他很不喜欢这种偷偷摸摸的行为，但他没有勇气将这一个事实告诉苏珊。

知道苏珊从芦雨亭写给萧的情书中发现这个秘密，事情才反正了实质的变化。

震惊之下的苏珊不能容忍萧的婚外情，她要萧在她和雨亭之中做一个选择。

艺术家萧碰到了他一生中最头疼的事。

凭良心，他无法抛下曾经把他带出中国从让他有机会在纽约实现他一生想的妻子；凭感情，他更无法承受失去知己和爱人的痛苦。

大概，人生最痛的是鱼和熊掌不可兼得吧。很多时候，有选择比没有选择来的更难。对于人生道路一帆风顺的艺术家萧来讲，生活在这时候忽然抖开了各种复杂的颜色，一时之间他眼花缭乱，不能够确定自己是否有辨色的能力。

毫无其它的办法下，萧搬出他和苏珊在纽约城郊买的房子，在曼哈顿下城 RIVINGTON 街上租下了这家店面作画室，暂时逃避现状。在搬家的过程中，他突发奇想，认为如果有一天他赚了很多钱，生活中的各种麻烦就会迎刃而解。有了足够的钱，他便能够补偿妻子和女友因他产生的不愉快，他也能因为这种补偿而达到心理平衡。于是，从来没把赚钱当回事的艺术家萧开始作起赚钱的的努力。

没想到这个时候，芦雨亭怀了孕。

萧完全乱了头脑。

他不是没有期望过和雨亭在一起的生活。雨亭是个对他充满爱心和理解力同时又令他快乐的女人。他也希望他能够和雨亭有家有孩子。但是他知道这在很多程度上是个梦想。如果雨亭声了孩子，他就要负起责任。这样对苏珊任何交代，他简直不敢想。他知道如果这件事闹大了，后果不堪设想。他还没有冒这个风险的心理准备。

这个下午，他以来打算去见女友仔细地商讨一下这个问题，但人还没出门，电话就响了。

苏珊在丈夫萧最烦躁不安的时候驾到。

此刻，面对着手上忙了一半的作品，萧心中七上八下，他担心着雨亭，急着打个电话看看情况。他知道情绪不稳的雨亭很可能因为他的临时改变注意而不开心。

苏珊在屋中忙来忙去，完全没有要走的意思。

你到对面帮我买点吃的东西吧。灵机一动下，萧对苏珊说。

苏珊似乎并没有察觉到丈夫的动机，她转身出了门。

看着苏珊的背影消失在对门的食品商店里，萧赶紧拿起电话。

水果食品商店的金老板已经有好几天没有看

到萧的女友了，他心里不禁有些纳闷。说实话，金老板喜欢漂亮女人，尤其像那种高高瘦瘦却很有风韵的女人。

RIVINGTON是一条有着形形色色店铺的街道，街道上来往着形形色色的女人。但是，穿着漂亮有上城品味的女人非常少见，靓丽鲜明的时尚模特儿型的女人就更没有。对于常常看到艺术家的模特儿女友的金老板来说，怀念那个长发如水般光滑长裙如丝般飘逸的年轻女人便是很正常的事了。在金老板的心底隐秘深处，那个漂亮的年轻女人总是让他想起他年轻时曾热恋的一个女孩子。

因此，金老板在看到萧的太太苏珊时热情不佳也是毫无指责的一件事。

金老板对美国女人总是有一种不正常的偏见，认为她们远不如亚洲女人温顺可爱。金老板来美国有很多年了，但对深眼窝粗皮肤的美国女人仍难以接受。他依旧怀念他故乡那些梳着又黑又长的粗辫子，纱裙婆娑、皮肤光滑的姑娘和她们温柔的笑颜。

此时，在东下城RIVINGTON街上的水果店里，隔着玻璃窗望着街上来往的人们，回想起年轻时的故事和年轻时的恋人，金老板的眼睛不知不觉有些湿润，他觉得他开始老了。

苏珊开始对丈夫萧所在的RIVINGTON街隐隐有了一种不安，她总觉得有什么不对的地方。

萧的画室弥漫着一股奇怪的气氛，立在墙边上静默的画框和萧背对她时的沉默仿佛都预示着什么。萧养的绿眼睛黑猫，从她身边经过时对她的那种漫不经心懒洋洋的注视好像也带着藐视。最奇怪的是连水果店的金老板看她时也流露出来不屑一顾的样子。

苏珊的不安在通过她全身时，她忽然意识到她最不愿意面对的问题。

苏珊知道芦雨亭来过这里。她从萧客气但有距离感的眼神里看得到雨亭的影子，甚至从屋子中的空气中可以闻到淡淡的带着花香的味道，她敏感的意识到那是芦雨亭身上留下的香氛。

苏珊感到窒息，她的手开始发冷。她极力克制着自己的愤怒。

苏珊完全没有想到她七年的婚姻具体那竟会出现这种局面，这曾经是她最担心发生的事，现在简直是噩梦成真。

苏珊十二岁的时候，她的父亲在一个冬天滴水成冰的早晨离开了家，再也没有回来。大家说她父亲是和他爱上的一个女人走的。

苏珊清楚的记得那个寒冷的早晨，她缩在窗后，看着父亲开动起他的货车，头也不回的驶出院子的大门。车轮在雪地上留下了两道深深的痕印，像是压在她的心上。她未老先衰的母亲木木的呆坐在乱七八糟的窄小的厨房里，仿佛外面发生的一切与她毫无关系。

对苏珊来讲，这是她童年时期的最大阴影。

就从那一天起，苏珊做了有一天她要离开这个没有个给与她任何温暖的家的决定。

看着在一家银行做小职员的母亲在抚养她及几个兄弟姐妹的窘况中艰辛挣扎，苏珊发誓她永不结婚，不步母亲的后尘。

二十二岁那年，经历了几次失败的恋爱，苏珊来到中国教英语，以此换取留学的费用。在南方一个小城的美术学院任教时，遇到了美术系的高材生萧。萧的才貌使苏珊一见倾心，她开始心有所动。

苏珊是个聪明的人，她知道比她条件好的中国女孩多得是，要在她们之中竞争是吃力不讨好的事，得到萧这样的人靠的是机会和缘分。

苏珊的机会在她快要离开中国的时候来到了。

萧是个对自己的将来充满野心的人，而现实他个人事业的成功梦想只有在美国这块以机会著名的土地上。而在八十年代的中国，最快的出国途径是与美国人结婚。

苏珊固然喜欢萧，但对他的才华更为欣赏。虽然她对自己和萧声称她考虑跟他结婚的是欣赏他的才能而愿意助他一臂之力，但她心底深处很明白这很可能是得到萧的唯一机会。

婚后的苏珊对她的婚姻一直没有什么安全感。除了童年的阴影外，萧的才貌双全对她也是很大的心理压力。她有时暗想，如过萧生在美国的话或者她自己不是美国人的话，萧很可能不会娶她。这个想法常常令她非常不愉快也更加没有安全感，也使她对萧增加了一层不可理喻的占有欲。毕竟，萧是她一手带出中国的，她对他是有恩的。

维持任何健康的感情关系的第一步是双方平等的。就像夏烙蒂的《简爱》一书宣扬的那样，人只有在上帝面前在爱面前是平等的。如果加进了知恩必报这一层，婚姻关系就不再平衡。

苏珊不是不明白这一层，而是她不想明白也不敢明白。世上能看清楚一切并愿意接受正确理论的女人是不多的。更何况，苏珊不需要明白很多，因为她已经是萧的妻子，妻子是有权对丈夫有要求的。她不过是个普通女人，对丈夫的要求也和其他普通的老婆一样。

和萧七年的婚姻，苏珊尽了她最大的能力来让萧得到他事业上所要求的一切。

七年来，她不要丈夫工作，而是靠她自己的一份工作收入来支撑着家。虽然她完全可以不必要这样做，但她情愿。看到丈夫取得成就的同时，她为自己感到骄傲。她对自己和婚姻的信心完全建筑在她自己对丈夫的付出上，付出越多，她觉得丈夫欠她的越多，她的安全感相形之下就越多。

随着萧的艺术成就的增加，朋友亲戚对她自我牺牲所投来的更多的尊敬目光，她的自信心也得到了极大的满足，对丈夫占有的欲求也就越大。

苏珊的成就感整个建立在萧的事业上，这使

她完全丧失了看清楚自己婚姻实际情况的能力。

苏珊很怕失去丈夫萧，这种怕常常使她噩梦连连。直到她和萧的孩子出世以后，她的这种恐惧感才开始减少。

没想到就在这个时候，萧的生活中有了另一个女人的位置。

对此，苏珊根本难以相信难以接受。

十二岁时父亲弃她母亲而去的情景再一次历历在目，往事重演，苏珊伤心欲绝，多少年来，她怕的就是这个。

她不明白自己做错了什么，她为萧付出了那么多，萧怎么可以这样对不起她。伤心之中，她无法清醒的意识到她对爱对婚姻的某种误解导致了她和萧今天的一切。

苏珊把一切的恨都转到萧的女友身上，认为芦雨亭夺走了她全部的希望和爱。

多少年来，苏珊把她的时间和精力花在建设她的职业、丈夫萧的艺术和她出世不久的孩子。她对穿着打扮所知甚少。她从不像其他年轻女人那样每天花时间在化妆品香水及时装方面修饰自己，因而她对个人着装品位风格及旗帜方面没什么感觉。她也从来不屑于和那些打扮得青春美丽的同龄人相比较。

从小，她就不喜欢漂亮的女孩，因为她们的容光焕发，她们的自信，她们在男孩子们面前的狂妄大度都令她感到自卑。苏珊开始痛恨芦雨亭东方式的美丽和优雅，恨她控制男人的聪慧和才能，更恨她对萧的影响力。

苏珊不明白的是芦雨亭凭什么在短短的一年之内就夺走她辛辛苦苦在七年里才建立的心血结晶。

芦雨亭在她东上城的公寓里接到情人老婆的电话时，她的震惊和气愤简直难以形容。

雨亭已经几天没见到萧了。萧暗示她近来不要到 RIVINGTON 街的画室去找他，因为苏珊近来开始采取盯人措施，常常还没到下班就到萧的画室去接他回家。虽然萧很不开心，但他不愿为此和苏珊吵翻。

自从萧正式对苏珊承认他和雨亭的关系后，已被苏珊的沮丧和抱怨搞的头昏脑涨，他只有请雨亭谅解他。

和艺术家萧在一起交往的这段时间来，芦雨亭很少再接原本就不多的摄影模特工作，工作变的零星起来，她的收入也急剧下降。

眼看着收入不保，前途济济，芦雨亭心情已经很不好。她二十八岁了，对于模特儿这行的来讲，她已不再年轻。无论如何，她要为以后的生活做打算。

怀孕之后，她的孕期反应很大，常常在拍照空挡中冲到洗手间去呕吐。她光滑白皙的脸上也开始出现斑点，这使她更加紧张。在这种情况下，再见不到萧，和爱的人 一起分担她的忧虑，她心情之恶劣可想而知。

虽然，芦雨亭和萧在一起的渴望已经到了不见一日如隔三秋的程度，但她不是那种死缠烂打的人。她知道这就是和已婚男人恋爱的局面。既然她爱的是萧而且也知道他的婚姻状况，她就没什么可抱怨的。道路是她自己选择的，她有什么可责怪的呢。

她只是替自己不开心，毕竟，再明智她也是一个爱情之中的女人，渴望着和情人分享生命中的每一日。人生苦短，没有爱人 也罢了，既然有情有爱当然是希望至生和爱人分享了。

其实，如果是正常的恋爱关系，芦雨亭也不见得非想和萧每天在一起不可。只是现在这种状况下，雨亭只有通过和萧的经常见面来确实他们的关系仍然存在。她虽然知道她和萧的感情不是几天就可以消失，但她对他有可能因为任何原因而不再出现的担心是确实存在的。无论如何，她爱的人是别的女人的丈夫，而这种爱又不是可以理直气壮去争取的。

对于感情的安全来讲，这就是一纸婚姻有否的不同。没有爱的婚姻尽管可以随时破裂，但通常，事情一天不解决，人就一天不消失。而没有婚姻的爱也许终生存在，但人可以因着点点的不开心而断然在一天中分手。

芦雨亭和萧不是没有试过分手的。

一年中，有很多次，两人在压力之下因不开心而吵架分手。但每次想起两人在一起时的种种快乐，两个人就会又跑向对方。次数多了，两个人也搞不懂到底是怎么回事。

芦雨亭是一个非常有主见的女孩，这从她当年坚决辞去在北京模特公司的优职，不顾未婚夫的反对而只身来到纽约闯天下这件事就可略一般。

很多人对做时装模特的妇孩都有颇有成见，认为她们不过是有亮丽外型却没有聪明头脑的幸运儿。而在芦雨亭身上，这种漂亮和聪明该成反比的论调却没有应验。

芦雨亭那种非常明白自己是谁，要的又是什么的女人。她没有和她留在北京的未婚夫结婚与他做什么工作挣多少钱都要没关系。她到了纽约见了大世面，北京那个世界对她来讲也就太小了。一旦要的东西喜欢的人都开始不同，她知道她已经回不到过去了。

她跟未婚夫分手后，很多人都说她忘恩负义，她也不多解释。后来，未婚夫做生意发了财，娶了一个比芦雨亭更年轻漂亮的小明星，人们又说芦雨亭当时不该急着分手，该给自己留条后路，她也只是一笑。她知道她要的是什么，她不在乎。

在纽约作模特儿完全是否另一回事。

芦雨亭在北京当模特儿的原因不过是因为好玩，满足虚荣心。如果条件合适，哪一个女孩不想当模特呢？最起码有漂亮的衣服穿，有在镁光灯下展示优美的身段而引起众人赞叹的机会。芦雨亭和父母同住，吃穿不愁，自然不会在乎当模特有没有钱挣。

而在纽约这么一个房租吃穿都负担昂贵的大都会，芦雨亭作模特儿完全是为了钱。有条件作模特挣钱当然比到中国餐馆当服务生强多了。只是做模特儿并不是一件容易的事，它竞争激烈，工无定时，又没有任何福利保证。况且，纽约对东方模特儿的需求量又不是很大，工作的竞争程度就更大。

芦雨亭深知作模特不是长久之计，她若想留在纽约就必须从拿到一纸居留证开始。于是，她和一个美国人假结婚。开始，两人说好一切只是一桩生意，各取所需。时间一长，那美国人倒是爱上了雨亭而不想分手。雨亭拿到绿卡以后，仍然坚持离婚，又是闹得满城风雨，搞得很不愉快。

芦雨亭为了生存真是活的很累，她像远航归来的船急于寻找一个可以停泊的安全港口。她并不奢求，她不过是一个为生存忧心匆匆同时又渴望着心灵之爱的女人。

尽管，在有些人眼里，芦雨亭也许是个势力小人，但她从不介意。她自己的生活自己活，干别人什么事。人无完人，芦雨亭不过是一个凭感觉和感情做事的女人罢了。

芦雨亭爱上艺术家萧一事使很多朋友都替她

不值，也使他们多少怀疑芦雨亭的聪明程度，但芦雨亭自己倒不以为然。她知道自己有多少分量，也相信自己的眼力。她很明白像萧条这种令她心动的男人也许一生只碰上一次，既然碰上了也难以躲开，倒不如顽固到底。

芦雨亭知道有天她不再爱萧或是她不能忍受情人的角色时，她会和萧分开。但在那一天来临之前，她不想因为任何人的看法而离开萧。

艺术家萧的妻子苏珊打电话给雨亭时，雨亭开始只是惊讶。

芦雨亭一直以为，老婆打电话咒骂丈夫的情人这种事只有在言情小说中才会存在，现在被苏珊在生活中上演了。

她并不想责备苏珊，她也是痛极而不择手段的。

但苏珊开始用最恶毒的语言来对她来自中国的背景和她通过婚姻取得绿卡一事来攻击时，雨亭开始生气了。

她没有想到她爱人妻子会这样侮辱她丈夫及他所爱人的感情，也更没有想到她的爱人会把她的私事向另一个女人公开。

如果芦雨亭在这之前还对苏珊有些歉疚的话，现在反而完完全全解脱了。

芦雨亭从来不相信一个完美的婚姻是会因为第三都的介入而毁之一旦，俗话还说苍蝇还不叮无缝的蛋呢。如果她是苏珊，她就会先看看她自己的原因。婚姻是一项工作，工作失职是双方的责任。

芦雨亭没有想到苏珊会是这样一个自卑女人，对萧的占有欲又是这样强烈。

是我和他结的婚，他是我的。如果你专门爱破坏别人的家庭的话，你干嘛不去夺别人的丈夫呢？苏珊如此的理论令芦雨亭震惊。她至少以为苏珊是理解她自己的丈夫懂得如何爱而与他结婚的，现在看来，萧不过是她的私有财产罢了。

至此，芦雨亭已无话可说。人没了感觉到这种地步，还有什么可讲的呢。

其实，在这件事上，谁也不是赢家。在家都是满怀痛心的伤者。在有价的物质世界中，爱是高价的奢侈品，不是人人都玩得起的。

芦雨亭感慨万分，她累了，不想再和任何人争什么了。

她曾经把爱情看得至高无尚，现在经苏珊这么一搅，她忽然明白和一纸婚姻相比，爱只占很小的一个角落。

艺术家萧漂亮的绿眼睛黑猫在窗边蹲着张望外面的世界已经很久了，它看对门的金老板在忙着整理水果杂货，而墨西哥伙计阿米诺正边洗水果边偷看着过往女人的裙下风光。

春天的下午，阳光照过充满温意。黑猫伸了个懒腰，准备去吃饭。就在这个时候，它看到萧的女友匆匆忙忙穿过 RIVINGTON 街上的热闹摊市和人群，迈着一双长腿向这边走来。她的出现立刻引起了街上男人们的回头和注视，阿米诺更是伸长了脖子，眼睛跟着芦雨亭的身影移动，一副叹为观止的样子。芦雨亭目不斜视地走着，赤红色丝绸上衣阳光中像一团燃烧的火苗随着她肩头飘逸的青黑色长发急急摇曳着。

黑猫马上兴奋地喵呜一声跳了起来，圆圆的绿眼睛顿时滴溜溜地充满了神彩。黑猫对这个浑身散发着香味的女人非常喜欢。她每次来的时候，都会极为耐心地蹲在地上为它梳理毛发和它聊会儿天。孤寂的黑猫只有在那时才会非常开心。

但今天，芦雨亭似乎心事重重，根本没有注意到迎面向她欢呼跳跃的黑猫。

正在地下室埋头忙碌的萧听到门铃和猫叫声便放下手中的活儿，赤裸着上身跑出地下室，他迎着阳光眯着眼睛向外看去。女友的出现令他喜出望外，他微笑着迎上去。萧完全没有注意到位雨亭脸上的愠怒和哀伤交相辉映的表情。

芦雨亭径直地冲到门边，向迎出来的萧冷冷地说。我把你的所有衣服带过来了。你也把我的公寓钥匙还给我吧。

萧的笑容怔在脸上，这是什么意思？

什么意思？芦雨亭开始尖叫起来，问你自己的老婆吧。我不要和这种没感觉的人争你了，现在你是完璧归赵了。

说完，芦雨亭扔下手中的东西，转身向门外走去。

萧赶上去拉住雨亭的手臂问到，这到底是怎么回事？

芦雨亭边甩萧的手，边哭了起来。

黑猫吓了一跳，急急地躲到一边去了。它有一种不好的预感，而这种预感令它忽然非常难过。

萧搂住雨亭的肩，顺手将铁门拉下来。门落地时的巨响令 RIVINGTON 街上的人们都向这边看来。

萧没有想到芦雨亭的精神状况会这样糟糕。

他不知道的是几天之中，芦雨亭把自己关在上城的公寓里，已经不吃不喝不睡地哭了很久。

雨亭终于决定不要怀着孩子了，而这个决定令她悲伤不已。曾经一度，她是多么想和萧有个孩子。如今，梦想破碎，她在心理上难以接受这个事实。她隐隐地知道随着孩子的消失，她和萧的爱也消失。

回想一年来和萧在一起的点滴时光。她对将来曾怀有的希望，雨亭的心开始破裂。

她不明白为什么她爱的人不能因为怀有的孩子而和她在一起。却要为了另一个女人另一个孩子而放弃他们的爱情。同样是女人同样是孩子，为什么该牺牲的是她呢。难道爱真不如一张婚姻重要吗？

一生之中，知已难寻，刻骨铭心的爱也许只

有一次。芦雨亭想，如果她和萧这次分手，以后茫茫人海中，除了爱的回忆，她和他什么时候都不再有了。

也许，她可以选择为此把孩子生下来，但她没有这个勇气。她不可以让孩子生下就没有父亲，除非，她在经济和精神上都有足够的能力来承担这个责任。

对女友的痛苦，萧无能无力。

这一段时间，他无法平静地面对苏珊和雨亭两个人。

苏珊的痛苦不比雨亭的少。尽管，她不像雨亭那样懂他爱他，但她的生活是建立在他的一切上的，如果他离开了，她的生活就会倒塌。而雨亭，他心爱的女人是聪慧而坚强的，她会因他的离开痛不欲生，但她不会垮掉。

也许，他和雨亭注定像人们说的那样有缘无份。不是他不爱雨亭，而是他没有办法割舍对苏珊和孩子的责任。他并不想放弃雨亭和这份爱，但他没有任何方式令雨亭留下来。

在艺术上，艺术家萧是一个非常有自己风格和主意的人，而在现实生活中，他是一个没有自己的头脑，难以把握及决择感情的弱者。

萧从没有想过爱其实和做任何事情一样需要勇气和决心。如果没有这个能力，就应该激流勇退，见好就收。

艺术家萧沉浸在自己的痛苦中不能自拔。他

是一个骄傲的人，没有办法令他生命里的两个女人快乐，他自觉是失败的。

星期五清晨，苏珊从恶梦中惊醒。她直直的从床上起来，心突突得跳得厉害。

梦中，她看到丈夫萧和芦雨亭开心地在一起，对她的存在毫不在意。

她已经不是第一次做这个梦了。

以前她做类似的梦时，那些女人的脸都是模模糊糊的，而这次芦雨亭的脸却异常清晰。

和萧结婚以来，苏珊第一次真正地感觉到实实在在的恐怖。

她知道如果她不采取什么措施的话，她很有可能永远的失去萧。

不行，她对自己说，绝对不行。

她知道她很难再找到像萧这样才华横溢的艺术家了。为了萧，她付出的太多， 她不甘心就这样失去一切。

痛骂芦雨亭不过让她发泻了心中发怒火和怨气，但并没有让萧就此止步。相反，萧和她的距离感因此更大。

苏珊终于意识到萧真的爱芦雨亭，虽然这是她极不愿意对自己承认的。

理智上讲，苏珊知道抽刀断水水更流的道理，但她不得不孤注一掷。如果必须在家和完整的家庭两者之间选择，苏珊宁愿保存住家庭。她来自一个破碎的家庭，深知其苦。

苏珊决定无论如何也要夺回丈夫。

从床上起来，苏珊迅速地梳洗打扮，准备进城去找已经几天没有回家的萧。在镜子中，苏珊看到自己青白而憔悴的面容，不禁暗暗叹了口气。

清晨的风加着密密的细雨在曼哈顿的上空降落。

阴雨天的大道上依旧是车水马龙，日子并没有因此而减慢下来，人们依旧怀着各种心事带着各种表情在城市里穿梭来往。

芦雨亭坐在医院大楼的前厅等着萧在外面把车停好后过来。

她双手环抱在胸前，一身缟素。

穿过风丝和雨雾，雨亭凝望着远处的车流人群，思绪停留在去年夏天初识萧的那些日子里。

曾经多少次，她在酒吧或许餐馆的露天坐位上等萧溜出家门来和她约会。很多时候，萧因为一时找不到借口出来而迟到。雨亭从来都是极耐心地等着，看着客人一桌桌地换，服务员一次又一次地来清洁桌面。不管多久她都会等着，期待着和心爱的人的会面，她相信同样爱着她的萧不会让她失望。

每一次，远远地看见萧匆忙向这边走来，长发在风中飞舞的时候，她的心就会急跳而起，所有等候的焦虑全部一扫而空。

那时候，不管她有多么不开心，只要看到萧，她的心情就会豁然开朗。

只要她能和萧相拥在一起，生命中的任何苦涩都会离她远去。

此时此刻，回想过往的一切，芦雨亭禁不住热泪盈眶。

她没有想到今天，一切已不同于以往，她和萧不再会像他们曾期望的那样有自己的小孩，而她也不会像过去那样相信她爱的人不会让她失望。

萧从细雨中走进医院大厅的时候，远远地看到芦雨亭呆坐在长椅上，神情孤寂。

萧震惊了。

他第一次意识到雨亭瘦了很多，根本不像刚认识时的苗条中带着丰满。静默之中的雨亭像一座雕像，美丽而哀伤。

他几步冲上去，紧紧地将女友抱在怀中，心疼万分。

芦雨亭双手搂着萧的脖子，嗅着他身上熟悉的气息，多少天来的紧张和担忧随着过往旧事一起涌上心头。她再也抑止不住自己的伤心，眼泪一滴滴地掉在萧的肩膀上。

两人就这样抱在一起，互相分担彼此内心的压抑和痛苦。

医院大厅过往的人们都约纷投来好奇的目光。

水果店的金老板最后一次看到艺术家萧和她的漂亮女友在一起，是五月一个明媚的日子。

RIVINGTON 街在五月暖人的微风中依旧充满喧嚣。

各家各店都在门外摆出他们的摊位，各色的衣物挂在店铺的屋檐下像五彩旗帜一样在风中飘荡。空气中充满了阳光及街边树木花香的气味，在这暖洋洋的空气中到处欢马叫，一派繁荣。

金老板在他的水果店外看到艺术家萧和他的情人手拉着手站在萧的店铺门前，四目相视。

五月的微风穿过萧的长发水般地流到芦雨亭的发中一起飞扬着，两人的脸上同样笼罩着离别的感伤。在 RIVINGTON 色彩斑斓的街道上，在五月的人声和风中，萧和雨亭沉浸他们自己的情感世界中。

他们或许在倾诉着最后的爱意，他们或许在许诺着关于未来的海誓和山盟。他们已根本不在乎是否有人能够看得见他们世界里发生的情景，是否有人看懂他们的故事。

风依旧吹过 RIVINGTON 的街道，生命依旧在每一家店铺里流逝，而这一切仿佛都已和他们无关。他们四目相望，凝视中，世界上其他所有的人和事都已不复存在。然后，艺术家萧和他的情人紧紧拥抱在一起，久久没有分开。

金老板的眼睛湿润了。他想起了很多年前他在故乡和他曾深爱的姑娘分手时的情景。那时候，他还年轻，不懂得曾经苍海难为水的道理，等到有一天在经历了生命中多少飘泊和风霜后，他终于明白的时候，他的姑娘已不知身在何方。

许多年过去了。金老板在美国成了家立了业。如今，他的孩子都大了，他在 RIVINGTON 街水果店也生意兴旺。他以为岁月的流水已冲刷掉他所有的往事，然而萧和他的情人又令他想起了他曾经热恋的姑娘。这时候，他才知道，生命中的情爱是根本忘不掉的，它们只会像鹅卵石一样在时光之水的洗涤中更加清晰。

假如，时光可以倒流，金老板是不会轻易放弃他生命之爱的。

望着街对面那对相亲相爱的情侣，金老板感慨非常。

五月，太阳高高地照耀着 RIVINGTON 街，人们来来往往，在经过水果店时，大家注意到金老板异常的目光，随着金老板的视线，人们看到艺术家萧在和他的女人依依不舍。

远处，萧的妻子苏姗正向这边走来，正午的太阳将她的影子拖在身后街道的路面上。

上海 2004

一

午夜梦回突然醒来，竟然有不知身在何处的感觉。陶然恍然觉得自己在纽约的家中，扭头看着窗外是否依旧像往常一样有着灿烂明媚的阳光温暖地照射进来，带着空气中清新的静谧和平和。

梦境里的晦暗阴沉的画面带着沉重的压抑依然在脑中徘徊。陶然茫然地凝视着四周陌生的墙壁和漂亮的家具，才知道自己在男友康剑锋在上海工作时租住的豪华公寓里。

三天前从纽约飘洋过海地来看康剑锋的时候，陶然已经知道他和他上海女朋友的故事，但真的梦到他们在一起而惊醒的时候，陶然依然感到从心底里冒出来的那种冰冷和惶惑。

陶然和康剑锋从在纽约认识相爱到同居已经有十年的历史了，纽约十年的生活像火车一样在眼前闪过的时候，陶然才意识到自己恐怕已经是站台上的误了钟点的旅客，无奈地看着火车从眼前疾驶而过。

“我依然爱你，只是希望你能过接受她存在的事实。”国际长途电话上康剑锋这样说着。

假如这是个愿望，陶然不知道该如何回答，她希望自己是个煽动着透明的翅膀，手里挥舞着晶莹闪烁的水晶棍的精灵刻意告诉他愿望的答案。陶然陷入沉默，不知道怎样回答这样的期待。

陶然想起她和康十年前开始的那场轰轰烈烈的爱恋，那种摧枯拉朽让所有的人目瞪口呆的热情曾经像火一样燃烧着如此辉煌璀璨的色彩，令古往今来所有的爱情故事都为之黯然失色。

那时候，康剑锋曾经把同样的选择交给了他当时的老婆，却遭到了拒绝。那个生性骄傲的美国前妻不能容忍和另一个女人来分享她发誓要共度终身的丈夫，她宁为玉碎也不要瓦全。三个人僵持的局面维持了痛苦哀伤的一年以后终于宣告瓦解，康剑锋的前妻选择了离开，而他带着满心的忧郁和失落，不得不离开了他的婚姻，他一手创建的家，不过，康剑锋至少得到了陶然，一个不管他如何选择都愿意跟他走遍天涯、走遍一生的天蝎女人。

十年后，当康剑锋把同样的选择交给了陶然的时候，公寓里。

三天前从纽约飘洋过海地来看康剑锋的时候，陶然已经知道他和他上海女朋友的故事，但真的梦到他们在一起而惊醒的时候，陶然依然感到从心底里冒出来的那种冰冷和惶惑。

陶然和康剑锋从在纽约认识相爱到同居已经有十年的历史了，纽约十年的生活像火车一样在眼前闪过的时候，陶然才意识到自己恐怕已经是站台上的误了钟点的旅客，无奈地看着火车从眼前疾驶而过。

“我依然爱你，只是希望你能过接受她存在的事实。”国际长途电话上康剑锋这样说着。

假如这是个愿望，陶然不知道该如何回答，她希望自己是个煽动着透明的翅膀，手里挥舞着晶莹闪烁的水晶棍的精灵刻意告诉他愿望的答案。陶然陷入沉默，不知道怎样回答这样的期待。

陶然想起她和康十年前开始的那场轰轰烈烈的爱恋，那种摧枯拉朽让所有的人目瞪口呆的热情曾经像火一样燃烧着如此辉煌璀璨的色彩，令古往今来所有的爱情故事都为之黯然失色。

那时候，康剑锋曾经把同样的选择交给了他当时的老婆，却遭到了拒绝。那个生性骄傲的美国前妻不能容忍和另一个女人来分享她发誓要共度终身的丈夫，她宁为玉碎也不要瓦全。三个人僵持的局面维持了痛苦哀伤的一年以后终于宣告瓦解，康剑锋的前妻选择了离开，而他带着满心的忧郁和失落，不得不离开了他的婚姻，他一手创建的家，不过，康剑锋至少得到了陶然，一个不管他如何选择都愿意跟他走遍天涯、走遍一生的天蝎女人。

十年后，当康剑锋把同样的选择交给了陶然的时候，她不得不回想起十年前的往事，十年前三个人面对爱情选择时的彷徨和失落，十年前的多少次的争吵和分手导致的那种刻骨铭心的伤痛。那是一个不堪回首的时代，一段仿佛漫长无际的支离破碎的日子。

等到尘埃落定，每个人开始按照自己的最终选择走上了彼此的道路时，陶然发誓再也不要重复同样的故事，同样的经历和感情的苦痛。

然而命运仿佛总是重复着人生的同一个片段，像寂寞的花朵每年春天都会再次开放。

在康剑锋在长途电话里告诉陶然关于他和他上海女友的故事之前，她已经敏感地知道他身边有了另一个女人，但她不知道那是一个上海的女人，那个她从小就向往的一个城市中出来的女孩。

二

上海的街头永远有着一种迷惑般的梦幻感觉，里面盛满了陶然童年时对这个城市的想象。

陶然在北京长大的时候，外祖母总是一遍遍地讲述上海，这个她和母亲来自的城市。从她每一次怀旧般的描述中，陶然知道了弥漫在黄浦江上雾气腾腾中的城市轮廓线外滩和外滩上旧海关大楼上的悠扬钟声。每次听到长安街上传来电报大楼的报时钟声在北京黄昏的萧瑟和凄凉中悠悠回响的时候，陶然都会想到上海的外滩，想到海关大楼，想到陶然外祖母和陶然母亲曾经度过他们青春的城市。

上海的街头永远让她想起外祖母给陶然看过的她年轻时代穿过的丝绸旗袍，窄细的腰身展示着曾经的青春年华，闪亮的缎面隐藏着过去的风韵，淡雅的颜色映照着往事的流光。就像所有的上海女人都会有一套做工精致的旗袍，上海永远有着一种辉煌的怀旧和怀旧带来的一种迷惘。

陶然在上海的街头走动的时候，总是充满了对往事的某种探询和偷窥的欲望。陶然喜欢老式弄堂里面的弯曲狭窄和古旧，甚至它的肮脏和气味。陶然喜欢看弄堂里面走动着的身材细瘦的上海女孩，看着她们苗条到弱柳扶风般的身段和那种只要上海女人才有的某种让人联想到过去的韵味。陶然好像看到了她外祖母和她母亲曾经燃烧的青春走在青石板上的年代。

陶然母亲跟陶然一遍遍说到过霞飞路上的法国梧桐和法国梧桐下的初恋。陶然从小已经能从梦想之中看到上海霞飞路上舞动的晶莹和华丽，看到流水年华带走的一种艳丽和妖媚的感觉。陶然能闻到梧桐树在春天的时候飘散的某种清香，带着怀旧年代的静寂和美丽。

而真的走在霞飞路上的时候，陶然的想象全部被喧嚣的交通和穿梭不停的人群掩埋，她知道过去的某种瑰丽和迤逦已经是昨日的黄花永远地生存在过去，生存在她外祖母和母亲的讲述中和黑白发黄的老照片里，生存在陶然如痴如醉的梦幻里。霞飞路已经根本不存在了，就像她与康剑锋在纽约曾经轰烈的爱情。

陶然来到外滩的时候已经是暮色开始降落时分，她眯着眼睛看着自己听说过一百遍的 PEACE HOTEL 矗立在黄昏中的楼宇中的不再孤独的身影时，突然感到它在夹缝中求生的某些苍凉。陶然仿佛看到这座楼曾经在十里洋场的外滩上孤立桀骜时的气宇轩昂，黑色的奥斯汀轿车在它的楼宇下静静地开过，外滩平坦开阔的草地在它的身边展开，使得它的身影在黄昏的暮色和寂静中骄傲的矗立。此时此刻，陶然感到了过去的一种穿透时光的力量。

陶然和康第一次从纽约回到上海的工作的时

候就住在 PEACE HOTEL，让雕花墙壁里沉淀了多少年的潮气和水雾漫浸着记忆的海岸，让过去的某种辉煌在依旧给人迤逦遐想的古旧的房间里开放。周旋的歌声是陶然唯一可以回到过去的一种找寻，在夜上海的清吟慢唱中寻回以往的故事和记忆。他们在 PEACH HOTEL 曾经豪华无比，今天已经黄花凋零的酒店房相拥而吻，在潮湿的水迹漫侵带来的恍然雾气中，周旋的缠绵极致的柔细歌声中，返潮湿带来的淡淡的霉气混合着香水的味道中，他们缠绵如梦。那个瑰丽无比的时辰，那个如痴如醉的意境和那个飘忽入梦的感觉像过去的一个炽热的铁板，每次想起来的时候都将记忆的温情烧穿成洞眼。

此刻再次面对 PEACE HOTEL 的时候，陶然一个人在黄昏中伫立，身边没有男友带来的陪伴和温暖。过去的那种伤感再次潮水般的涌来时，陶然感到眼睛的湿润在暮色逐渐浓重的夏夜再次膨胀。往事如水，陶然第一次感到怀旧无可阻挡的气势和力量。

三

康剑锋宽敞亮丽的的顶楼公寓充满了上海成

功人士应有的那种舒适合奢华，就像楼下的星巴克咖啡厅看似简单不俗的装饰中到处透露着异域的某种精致的奢华感和这种高人一等的感觉带来的那种自鸣得意。

浴室中闪烁着阳光的法式玻璃门和绿色的大理石的平滑地面，当温暖的水流从银色的莲蓬头上滑落的时候，陶然可以感到水雾漫散着香馨的气味，像他们纽约的家，平和地有着一种安然静寂。陶然喜欢在这种静寂中听着真空管中飘忽着的华丽委婉的Café Del Mar或者古老沧桑的Moroccan Spirit像丝丝悬浮在空气中的阳光细腻地飘散着。

陶然光着脚穿这细腻柔滑的丝绸睡袍在公寓中的各个角落中轻轻飘荡着，试图寻找着康剑锋上海女友的某些可疑的痕迹，陶然想知道上海女友是否已经在康剑锋的公寓里旁若无人的穿梭，像她此刻一样在面对着阳台的落地长窗前看着白色印花的落地窗帘在茶几上玫瑰花的香馨中纹丝不动，让阳光一点点地沁透内心。

“你在想什么呢？”康剑锋从身后环抱住陶然的时候，陶然脑子里仍然在回旋着Moroccan Spirit的最后一丝袅袅余音。陶然不知道康是否在落地长窗前和上海女友也是这般温柔浪漫。陶然无法挥落上海街头的感觉就像此刻陶然无法挥落另一个女人的痕迹。

“你在想陶然们纽约的家吗？”康微笑着，像过去一样脸上带着那种笑容可掬的亲切神色。

“我在想你的女朋友是否也像上海一样看似迷人，而在这种迷人的深处却充满着城市奢华带来的那种欲望，性和金钱的欲望。”

陶然也微笑着看着康，看着他的脸色一点点改变，就像他们之间原来坚不可摧的那种紧密。

假如爱就像一朵娇艳的鲜花，在绽放最绚丽多彩的迷人时刻往往就开始盛极而亡，散发着凋落时分的那种垂死的灿烂。

“你知道，我永远地爱你。”康剑锋说，“任何人和时光都改变不了我对你的感情。你是我白头到老共度终生的女人，而其他女人只是生命中来来去去的过客。”

陶然无言地拥抱住康剑锋，拥抱住他们过去灿烂的爱情和感伤的回忆，在这种拥抱中，陶然再次感到过去一直在蔓延的伤痛侵袭着心头，有种挥之不去的哀伤。

四

上海的夏天空气中充满了湿气，带着一股隐约的霉味，完全不似纽约夏天的明朗和干爽。淮海路上挤满了人潮，在各色张灯结彩的时髦店铺间涌来涌去。夏天的阳光通过雾气迷蒙的空气中穿透过来，有些斑驳地洒在女人们撑起的遮盖阳光的雨伞上。几十年前的上海女人们也撑阳伞，不过不是雨伞而是印着花色的各式日本布或者洋布做的精巧的阳伞，散落在街头巷尾，如同点缀风景的花朵。那个时代的感觉气味和风情如同霞飞路的回忆已经在今天淮海路上浩荡的人群中憔悴，没有一个人会驻足思念一下以往的梧桐树的碧绿浓荫，洋楼前女人们的旗袍和高跟鞋掀起的风情和韵致。那一个时代有着美丽牌香烟的气味，花露水合力士香皂的飘香，还有老式留声机里面传来的袅娜的柔若无骨的歌声。而这种味道和声音弥漫出来的时代感在母亲和外祖母讲述的记忆深处流连忘返，徘徊不去。

陶然开始想念纽约曼哈顿的风景和美女，艳阳下的楼群店铺和穿梭在雕花楼宇间风情依然古旧的石子路，美女们洋溢在阳光中裸露着晒的古铜色的肌肤，身段苗条但玲珑有致的丰满身材，空气中淡淡弥漫着从街头店铺和女人们身上飘散的香气。

纽约的夏天仿佛是曾经的霞飞路有着闲情逸致带来的那种奢华迤逦，那种在露天咖啡馆的阳伞下慢慢呷着咖啡的情趣，街边卖着冷饮的小贩和永远有孩子和家长们排队购买的彩色冰激凌车。游人们的步子是缓慢的带着对城市的猎奇，浏览着街头造型艺术家的造型表演，画家们展示的各色绘画。有乐队在表演着他们的音乐，带着韵律的节奏在街头响亮地流淌。

上海的人群从身边走过，带着各色的体味和汗味。女人们妆容整齐精致的同时却不顾头发的干涩和毛躁。曾经有人说，上海的美女再美，可是每天不洗头发带来的细节上的遗憾是纽约的美女们绝对不会犯的错误。

当陶然在康的豪华公寓楼下喝着星巴克的一杯冰卡布吉诺想入非非的时候，有一个年轻女人迎面走来。她是上海的那种时髦女孩，白天也穿着夜晚赴 PARTY 时才穿得黑色裙装，蕾丝花纹的隐约透露着肉色的肌肤。栗色的头发闪烁着金紫色的光彩，黑色的丝袜和鲜艳的口红进行着细节的渲染。她是一个有着成熟打扮的年轻的女孩，青春的姿色完全淹没在盛装的绚丽中而显得她有一种超越年龄的妩媚。 就像从面容到身段都使人想到人到中年的女人打扮得过分青春惹火而让人感觉突兀一样，青春如花的女孩子打扮得超越自己本身年龄的成熟和性感使人不得不联想到某种行业的女子。就在陶然端详她的时候，她也目光炯炯地向陶然射来，里面掩饰不住一种尖锐的类似剑光的凛冽寒色。

就在她们双目交错的瞬间，陶然已经知道她是谁。

她们的目光顷刻之间如武林高手手中发出的轻功在无言的沉默之中交手，越过淮海路边嘈杂鼎沸的人声，店铺的各色标志和人潮汹涌的波涛，犹如风卷残叶，犹如流水落花。

就像男人天生充满占有欲，女人生性妒忌，当这种妒忌为了一个男人而发的时候，其中的力量和摧毁力是没有人可以估量可以阻挡的。再沉着的女人修炼再好的女人都不能在面对情敌时不动生色。

陶然感到心开始沉落，是那种绝望的流星般的陨落，水底沉舟的寂寞。即使能够接受男友的感情出轨，陶然也永远也不愿意心甘情愿地面对他的另一半。

“她也知道你的存在”，康剑锋这样说：“我从来没有欺骗你们之中的任何一个人”。

“那她怎么说？”陶然冷冷地问。

“纽约是我们的家，她知道我永远也不会离开你”。康轻松地说。

陶然没有再说什么。男人的愚蠢就在于过分轻信女人的语言。天下没有一个女人可以心甘情愿地接受三角关系的存在，除非这个存在能过为他们带来暂时得不到的东西，可以是感情的寄托，可以是金钱的期望，可以是未来的许诺。感情和物欲是女人最期望从男人那里得到的东西。除非共同经历了生活的波折和人生道路的坎坷，男人如果不能给与女人物质的补偿，她们就一定要得到感情的报酬。这是天下男女游戏的定律。

陶然清楚地知道康的上海女人期望从他那里得到的东西，就像知道陶然自己为什么明知道这个三角关系的存在仍然从纽约到上海来看望他。

想到这里，陶然笑了，凝聚了一生的全部自信，全部镇定和全部的从容。

“要不要也喝一杯星巴克？”陶然发出邀请。

好。她也淡淡地笑了，是那种棋逢对手而小心翼翼的笑容。

在淮海路上的那家星巴克里面，她们临窗而坐，看着淮海路上的人潮从眼前如烟尘般滚滚而过，好像在临海凭风地在看海景。

康永远也不会想象她的来自地球的两个极端彼此素昧平生的女人此刻在上海的淮海路上看似悠闲地喝咖啡。

“我跟康是有感情的”，上海女孩突然对陶然说。

“你能跟他十年而不在乎名分金钱吗？”陶然笑着眯起眼睛，平静如水的问她。

上海女孩好像不明白陶然的意思，疑惑的望着陶然。也许这些词汇在上海女人的字典中根本不存在，她们永远务实永远需求物质的得到。

“你能永远接受陶然的存在吗？”陶然又问。

陶然不知道，上海女孩迷惘的说，我是没有办法一直做一个男人的第二个女人。

“那你打算从康那里得到什么？”陶然开始直截了当，“婚姻？金钱？”

上海女孩突然警惕的望着陶然说，“你不打算跟他分手吧？”

陶然忽然觉得自己可笑，跟一个比自己小十岁的女孩和情敌谈论自己相伴了十年的男人，简直是白痴。于是，陶然无言的望这窗外的熙攘，陷入自己的某些幻觉之中。

陶然再次听到Moroccan Spirit曾经沧海的那种苍老得令人动容的音乐在陶然的头脑中盘旋。典型的天蝎座的女人永远是这样在感情的海洋迷惘沉沦吧。

五

有一种感觉是难以叙说的，当你突然觉得原来属于你的男人一下子可能随时可以失去，原来已经安定下来的心突然间又开始充满了对未来的担忧和不安。生活瞬间变成了一个随风飘荡的气球在阴晴变换的天空里充满了骚动和紧张。

上海女友的出现破坏了陶然原来的全部闲情逸致，并不是陶然觉得棋逢对手而甘拜下风或者旗鼓相当而自叹不如，陶然只是觉得一旦感情被放在天平上称重量的时候，心里开始很不是滋味。即使上海女友愿意接受陶然的存在，也并不能给陶然带来一丝一毫的释然。也许对她来说，不能够得到一个男人的全部固然令人烦恼，但毕竟一切刚刚开始，新鲜的感觉和萌芽中的期待是可以容许花费一定限度的时间和耐心的。而对于陶然来说就完全不一样了，陶然和男友在经历了许多的人生变换和波折后终于可以有一个安定的生活和工作时，另一个女人的突然出现就像一颗石子即便不大，也在原来平静如水的湖面积起重重的涟漪。

陶然开始不停地做梦，都是那种女人在惶惑不安中产生的各种奇怪的梦境。在这些梦境中，康就像一个难以捉摸的迷行踪不定，他们于是开始争吵开始闹分手。绝望的感觉充斥着整个的梦境，晦暗的颜色弥漫着梦中的一切，每当陶然醒来的时候，她会觉得喘不上气来，经常会有一种不知身在何处，心归何处的感觉。

每天早晨的醒来开始变得令人恐惧和不安，陶然痛恨这种醒来时的感觉，它是那么的沉重得令人难以承受。陶然看着枕边仍然在梦想中酣睡的康，忽然觉得他似乎面目全非，完全不再是陶然曾经熟悉了解的那个人，而是一个萍水相逢的路人。

陶然记得他们第一个晚上在一起同床共枕后，她在第二天清晨时醒来的时候就是这种感觉。那种感觉是如此的惶惑不安，好像根本不知道自己在干什么到底又能过得到什么或者是否能够得到什么的那种感觉。当一个女人和一个男人能上了床，却不知道这个男人是否是她期望的可以依靠终生的人时，甚至不知道是否会跟这个男人发展任何感情关系的时候，她心中挥之不去的完全是陌生和隔阂。

陶然不敢相信在他们同舟共济了十年以后，她会重新回到他们开始的起点，要重新摸索向前探讨新的路径。

从纽约再次回到上海的时候，陶然没有想到她的感情故事在这个属于她小时候传说中的城市，她外祖母和母亲出生成长的城市中被重新讲述，重新描绘，重新染色。

六

"你完全不必接受这一切，你可以重新开始。"陶然的朋友汤对陶然说。

他们坐在 PARK 97 酒吧里面，坐在深陷的沙发里，面对着灯光暗淡的吧台和吧台前面的一小块舞池似的空间聊天。汤是 PARK 97 的常客，就像他到纽约一定会在 TIME CAFÉ 吃午餐一样绝对不错过这种摆明车马比身份比势力的 POSER 来往的地盘。

PARK 97 里面到处是炯炯扫射的目光，打量这每一个走进这个地界里面来的访客的衣着和派头。

空气种充满了自鸣得意的气氛，好像喝一杯法国香槟都是奢华极至的表现。

陶然永远是一杯粉红色的COSMO在手，在粉色编织的气氛和如粉色一般甜美的感觉中自陶然陶醉。

三十五岁的作家汤刚刚从台湾过来，为一部改编自他小说的电视剧担任制片。

自陶然在纽约认识汤至今已经有十年的时间，当时他刚刚发表第一部小说。现在，他已经写了十几部长篇，在内地都开始闻名。

汤曾经是一个在女人上面永远一心两用的男人。他和任何女人的关系一到了开始同居的阶段就会产生问题。能够和他同居超过两年的女人寥寥无几，谈婚论嫁过的更是一个都没有。问其原因，汤总会说，他这个人就是这山望着那山高，漂亮可爱的女人层出不穷，他没法定下来。

汤约会和同居的女人年龄从来不超过三十岁，因为他的理论是女人一旦过了三十岁都会患上婚姻臆想症，执迷不悟地想和男人结婚。

就是这样的一个似乎永远不可能安下心来，恐惧结婚的男人突然在五月的时候在巴黎和一个台湾女孩结了婚，到亚洲来度蜜月。

汤的太太是一个聪慧可爱的女孩子，典型的台湾女孩，漂亮柔情温文尔雅。她正在和汤的其他几个朋友谈笑风生。

“没想到你真的结婚了。看样子这次是陷入

情网了吧。”

汤喝了一口冰镇香鬓说，“男人一旦过了三十五岁，看世界的感觉都完全不一样了。”三十岁之前他从来没有想过结婚，而现在他却很想要一个家要自己的孩子。所以说，TIMING 对于一个男人来说至关重要。当然找到一个可以让你感觉到可以终身相依的女人也是至关重要的。

汤在台湾太太之前，曾经对一个在香港工作的漂亮混血女孩真得动过心，但是那个女孩子除了跟汤上床以外，并没有打算跟汤有固定的长期关系。情场老手汤在多年叱咤疆场后第一次沦落到了感情关系中的被动的地位，最终被一个女人决定何去何从的地位。汤痛下决心向混血女孩求婚，是他一生中第一次郑重其事地向一个女孩子求婚。没想到他一生中的第一次求婚就以失败而告终。“你不是我觉得可以依靠终身的人。”混血女孩对他说，“作为一个未来的丈夫，你没有给我足够的信任。”

汤在那次求婚失败以后整整沉沦了两年。两年孤寂的时光完全地改变了他，等到他重新整装上阵的时候，他已经脱胎换骨。

这么多年以来，陶然一直以为汤和康剑锋是完全相反的两个男人，前者永远不会定下来，而后者可以托付终生。没想到世事多变，等到陶然真的投掷了大量的时间和心血建筑了他们的感情堡垒的时候，康已经陈仓暗渡。

“你可以重新开始。”汤说，“男人一旦动心就收不回来了。可以同时拥有两个女人是康求之不得的事，可你愿意接受这个三国鼎立的局面吗？”

陶然明白汤的意思，但让陶然放弃十年心血经营的感情，陶然恐怕难以做到或者不甘心做到。回想她跟康一路走来的波折，陶然突然心酸，十年只是时光的一瞬，然而这一瞬却寄托着陶然一生的希望和梦想。

“一个男人愿意用一生感情的归宿来换取飘摇不定的短暂激情，那么这个男人只是一个糖果店里的孩子。”汤用他作家的理解这样说。

“你们谈得怎么样？”汤的台湾太太笑着坐了过来。陶然看着她一脸清澈的笑容和眼中纯净如水的颜色，陶然忽然很羡慕一个人生活可以生活得如此单纯和简单，无欲无望让任何人都有为之撑起一把伞秋天遮雨夏天遮阳的感觉。

作太太的女人也是要有水平的，那种涵养高过一切，不动声色之中就可以将所有射向丈夫的各种流星飞雨般的目光纷纷扫落，眼里眉梢笑容依旧温柔如水的高手。

如果陶然不愿意放弃和康剑锋之间十年风雨同舟的承诺，陶然就要有所修炼，像汤的太太一样将自己修炼成刀枪不入的武林高手。男人需要的一个太太就是这样可以任鸟在天空中飞翔而永远面带微笑的同时捏紧手中风筝长线的女人。

一个男人永远不会为任何一个女人改变他最终的道路和追求，但他会为一个愿意懂他的女人接受一种类似婚姻形式的束缚。

“上海的女人永远给我一种剑拔弩张的感觉，”汤说，“就好像这个冒着泡的城市永远平静不下来，而这种感觉让我惧怕。”

陶然明白汤的意思，只有在不断变换的城市夹缝中求生的女人才有这种急不可耐的压迫感。她们急于得到渴望中的东西，也愿意为某些渴望付出代价的同时拿回自己的盈利。

七

站在淮海路上的一家婚纱店前，陶然凝视着窗中一袭质地轻飘颜色粉嫩到有些发蓝的精致婚纱发呆。

在纽约的时候，陶然经常会驻足中城的几家名牌店的橱窗看着最新布置好的美丽橱窗流连忘返。陶然喜欢橱窗里面变换的季节和颜色，好像在观看着一场美丽的时装表演，惊叹于设计师的超越尘世的想象力和梦幻力。美丽的橱窗好像一块美丽的风景，在吸引你眼球的同时诱发着你蠢蠢欲动的金钱欲，让你爱不释手却又可望而不可即。

纽约的街头的车水马龙从身后轰轰流淌，带着时光的流转和流转中变换的颜色。转眼之间，陶然已经在上海的淮海路上越过几十年的时间想象着曾经的霞飞路和霞飞路上的旗袍美女，她们身着那个时间的时装婀娜多姿地走着，走向时光的深处。母亲年轻的容颜像流星划过黑夜一样照亮陶然眼前的幻境，在这个幻境中她扭头向陶然隐隐微笑，好像某一个时代的旧事。

和康交往十年中，他们多少次谈婚论嫁。有几次他们都走到了纽约政府注册大楼的门前，但又这样默默地牵手走了过去。他们彼此热爱而不想让世俗的形式来束缚他们之间炽热的感情。

陶然不是没有梦想过自己穿上婚纱的美丽时刻，和一个自己相爱终身的人肩并肩牵手同行，激起一片的羡艳，满足自己做女人的那种纯真的梦幻。后来陶然才知道其实她向往的根本不是婚姻本身，而是婚礼的盛大和美丽。女人的虚荣由此可窥见一斑，为了一袭美丽的婚纱或者一次可以永留记忆的婚礼而梦幻一世。

陶然期望和她相爱一生的人结一次婚，穿上一次婚纱。时光流逝，生活向前，人不可以永远年轻美丽，但相片中记忆开放出的夺目鲜花却可以永不萎谢永不凋零。有一天即使爱恨情仇都成为往事，但照片中的青春和爱情却是日后怀旧也好，午夜梦回也好的一种最佳的往事爱情的写照。

我们结婚吧。康早上起来的时候突然对陶然说。

陶然心无波澜地望着他，不知道这是不是康的又一次心血来潮。

十年前，他们在性爱的高潮中曾经许诺对方，今生今世要永远相依永不改变。就在那天，陶然和康驱车横穿美国到拉斯维加斯准备在那里结婚。那时，康还没有跟他当时的太太离婚，所以他们到了拉斯维加斯的时候突然恐惧会犯重婚罪而没有登记结婚。

如果当时他们结了婚，等到两年后康的老婆和他离婚之后，他们就是光明正大的夫妻，那么今天他们也许就不会轻而易举地再如此地陷入感情的沼泽地。有时候人生的一个转念决定了以后道路的走向。十年以来他们偶尔谈过结婚的事情，但这个念头都被紧张多变的生活给淹没了。假如感情没有变，婚姻真的就变成了一个形式而已。然而，当今天生活真的改变了的时候，陶然不得不回首当年问自己假如当初跟康结了婚，他们的道路会是怎样。如果说人生中有遗憾的话，那么这就是陶然最大的遗憾。

也许，陶然跟康的一切注定如此。假如有一天他们不在一起了，陶然想他也许也会遗憾自己最终错过了一个曾经爱过十年的女人。起码，陶然跟他也许不可能有再尝试的可能。

当康在这个早晨说结婚的时候，陶然淡淡地

望着他，没有任何欣喜和激动。曾经陶然渴望着有一天能过和她最爱的一个男人走进婚姻的殿堂，而今，当康终于再次提到这个题目的时候，所有的往事已经成为了桥下的流水，他们好像已经过了激情迸发的时代。

“你会不会跟你上海的女朋友结婚？”陶然忽然问。

康剑锋的脸色倏变，好像陶然提到了一个不该问的话题。

世界上恐怕很少有女人在跟一个相爱多年的男人婚论嫁的时候还会提及他的女朋友。如果陶然是一个通俗小说中的女人，她一定会接受了康剑锋的提议之后马上给那个女朋友打电话说，“你男朋友准备跟我结婚了。你要不要来参加婚礼？”

然而，生活中的戏剧每一幕的上演都需要的是真实的痛苦和眼泪，这种演出到了一定的程度不是小说中那样潇洒该怎样就怎样结束的，主角们的每一个行动和决定对未来的人生都起了至关紧要的作用。

陶然冷静地看着康剑锋，心里面难过异常。她真的不知道他们的感情有一天会走到这个地步，除了与日加深的感情之外，陶然对他已经没有了任何的期望和寄托。

夏日的微风在上海的街头暗暗飘过，带着霞飞路时代同样的惆怅和迷惘。莫文蔚的歌声代替了周旋曾经的缠绵和柔媚，新时代的美女广告在淮海路的街头高高飞扬。有轨电车和美丽牌香烟以及力士香皂广告已经成为旧上海曾经辉煌时的过气美人而散落在古董市场的角落。爱情是一种需要高价维护的产品，就像霞飞路随着时代的流水而注定流逝变换着，世界上所有的东西没有一成不变的，陶然和康剑锋的十年不过是沧海一粟，变换中的一瞬而已。

八

在上海的大街小巷陶然穿梭来往着，为了她从小在外祖母和母亲的故事中听过一百遍的那个幻想中的城市拍摄着彩色的录像和黑白的照片。

陶然最喜欢上海的弄堂里带出来的那种依然有着旧日色彩和感觉的气氛，在那些残破的楼梯地板的缝隙中，在漫天飞舞的各色衣服透露出来的各色阁楼的侧面，在上海永远阴郁的天空颜色的朦胧中寻找着过去的痕迹。有打扮时髦妖娆的弄堂美女从巷子的深处走来，陶然用男人们垂涎欲滴加上女人挑剔审视的目光追踪扫射着她苗条纤丽的身段和描金涂红的脸，想象着旧上海的美人们的那种弱柳扶风的迤逦。

上海有着太多的像水一样满载着惆怅忧郁的

梦幻，在陶然还是个小女孩的时候就溢满她的心扉，鼓胀起她想象的风帆。

康喜欢上海杂在金碧辉煌的缝隙里面的旧时旧貌遗留的那种细碎精致的感觉的同时，厌恶这个城市的那种矫揉造作，无产阶级充小资的格调，就像他享受上海女友吴侬软语的同时厌恶她对金钱的那种过份的精打细算。

康剑锋喜欢混杂在陶然身上的那种北京的随和和纽约的 sophistication ，相形之下，上海女人永远的小家碧玉和玲珑剔透让人看多了的时候就有一种心生厌倦的感觉，就像做工精细绸缎精美的花样旗袍无论怎样的翻新永远是旧时代的某种停留，而在任何时候穿出来都能让人耳目一新的却是中西合璧的带着隐约东方风情色彩、流露着东亚炽热风姿的欧洲名裳。

陶然和康开始在老外熙攘的襄阳路市场和气势磅礴的伊势丹寻找着能过作为他们想象中婚礼的衣服。黑色的丝缎吊带小背心配白色的亚麻紧身超短上衣和黑色或者白色的亚麻水手裤是陶然今年夏天最钟情的打扮。看到每一款淡粉色的皮具陶然都有心动的感觉，粉色的意大利皮包和皮鞋是陶然黑白两色亚麻装扮的最佳的配件。任何颜色深浅的绿色也是陶然的最爱，陶然喜欢纯绿色或者有着绿色波纹或者绿色金边混合着的颜色淡雅的绸缎和皮制品，在它们单纯却靓丽的色彩中好像永远闪烁着一种华贵璀璨带有厚重欧洲文艺复兴时代的感觉。

决定嫁给康剑锋好像是一个晚上就做出来的决定，陶然无法放弃埋藏了十年的那种和相爱一生的男人缔结良缘的那种带有浪漫和梦幻色彩的梦。无论如何，陶然不愿意为了一个上海女人的存在就放弃她和康十年恩爱的美丽画面。

即便陶然知道在她以后的婚姻中，她将一直面对康的肉体和感情外遇，但陶然仍然觉得满足自己一生的梦想远比为了一时的骄傲和自尊离开自己的所爱，也许一生之中都会为自己当初的骄傲和倔强而击掌称赞，但心中的惆怅和无奈确是永远抹不去的阴影。

陶然直到这个时候才明白，女人一生追求的完美爱情永远不存在。当她们从小就梦想的白马王子佩剑挥襢飞驰而来的桀骜潇洒的镜头永远像电影镜头在她们的记忆画面上定格，而现实中白马王子的马背上坐着的永远不止一个女人。

九

再次从梦中惊醒的时候，陶然的心情格外地压抑。顶楼公寓的窗外天空已经大亮，城市的繁忙和喧嚣开始在空气中慢慢凝结。

回想梦中，仿佛是前世对今生的一种预见，午夜梦廻留给人的冲撞力是难抑描述的，黑白的情景，郁闷的气氛和焦躁的心情仿佛是遥远的过去留下的阴影在你最孤独的时分以最寂寞的感觉出现。

梦中陶然给不知身在何处的康剑锋的手机打电话，却怎么也拨不通他的号码。在陶然开上海之前，她在纽约就经常做关于给康剑锋打电话却找不到他的梦，梦中不是陶然忘记了康剑锋的手机号码就是他的号码不对，反正没有一次她可以找到康。和康共同生活的十年，陶然从来没有反反复复做过同样的一个梦，如此频繁地做着关于找不到康手机号码的梦，陶然知道心中对未来的某种潜在的不安和担忧已经超越了陶然精神的承受度。

突然不见了康剑锋的感觉在黑白的影像中，在晦暗的画面中带着绝望的心情交错出现不断升级，像一望无际的沙漠中口干舌燥地寻找水源的那种绝世渴望重生的感觉。紧张和焦虑让陶然的喉咙喑哑发不出声音，四周的环境开始像电影镜头般逐渐淡化，黑色开始降临，一切仿佛都是黑色的。只有在梦中的这个时刻，陶然才知道康对她的重要性和面对可能失去他的恐怖。

就在陶然被绝望笼罩的时候，陶然听到手机里隐约传来康的声音，却不是跟陶然讲话，而是跟他的上海女友在商量着什么。从他们断断续续的话语中，陶然听出来他们好像在盘算着未来的共同生活。悲愤在瞬间侵袭陶然的心头，被出卖的感觉如此清晰，陶然难以忍受这种自尊心受到的伤害。

假如感情好比一场赌博，在陶然和康剑锋的这张赌桌上，他们放下的筹码就是彼此的心。当另一个女人在这张赌桌上坐下的时候，她放下的筹码是对现实快乐的希望和对未来生活的某种打算，于是赌桌上的形势开始急转直下，以心来赌博的人最终要受到伤害，感情的伤害和自尊心的折损。

世界上没有几个人是有勇气，决心和信念以心来做感情筹码的，而当一个人最终能结束一段感情的时候，她纵使不能收回自己已经冰融雪化的感情，但她收回了自己的心。

回味着梦中的情景，陶然看到自己像一个头脑已经被出卖和背叛的念头驱使得异常愤怒的女人。她面无表情地听着康在电话上和他上海女友的约会地点，然后状态似乎冷静地来到了他们约会的酒店。推开门的时候，陶然看到康和上海女友惊愕的脸的同时，也看到那个女人朝他们开枪。

陶然在极度的震惊中猛然清醒的时候，身边的康剑锋依然在熟睡。

陶然坐在床上，依然感到刚才的梦带给自己剧烈的心跳和惊慌失措。

陶然坐在床上，依然感到刚才的梦带给自己

剧烈的心跳和惊慌失措。

陶然不知道怎样面对这种潜意识中对现实威胁的本能抗拒，纵然表面上陶然可以装作什么都不在乎，依旧谈笑风生第过着每一天。然而，骨子里面的天蝎星座在声嘶力竭的对陶然的妥协进行着抗拒，它在感情上爱憎分明、不成功边成仁的本能在向陶然激动地叫嚣着。

初来上海的那种隔阂生疏和距离感在陶然最初来到康剑锋身边时顽固地在她午夜梦回带来的那种强烈孤独感里徘徊。

陶然曾经环视着康陌生的公寓不知身在何处心又在何处。纽约的家仿佛是陶然最熟悉的保护层，一旦离开了以后完全有一种手足无措的感觉。

陶然和康剑锋三个月没有见面了，他在上海过着忙碌但得意的钻石王老王的生活，到处引起女人们羡艳的目光。康的公寓豪华时髦到处流露着多金的单身男人的痕迹。陶然像一只敏感的猫一样到处东嗅西闻，寻找猎物一样地寻找着陌生女人的踪影。

当陌生的感觉像退潮的水一样开始逐渐消失的时候，陶然开始变得得心应手在康的公寓里到处留下女主人的那种细碎的痕迹。新买的鞋盒和购物袋到处堆积，成堆的影碟和大包小裹得书籍到处散落，陶然像一个在秋天收获的农民一样地到处收集着自己的最爱然后不分昼夜地将它们堆积起来准备带回纽约。

而就在陶然终于通过和康的不断激情性爱而以为自己重新找到了安全感的时候，就在陶然心安理的地接受了康的求婚而以为他们之间的一切重新回到以前的时候，这个突如其来的梦魇再次将陶然和康的真实关系抖得水落石出。

陶然突然明白她要面对的不是康是否将以婚姻为他们十年的感情划上句号，而是假如陶然和康结婚，相似的梦魇将追随一生，而她的心将永不得安宁。她是否能过真的能承受这一生的重压，陶然扪心自问。

陶然清楚的知道陶然和康永远不可能回到过去一对一的感情天地，男人一旦感情出轨一次会永久出轨。即使陶然不在乎他肉体的出轨，但陶然能接受康感情的永远出轨吗？

望着窗外难得的一片艳阳天的灿烂，高楼大厦下开始拥挤着永远流不完的车水马龙。上海这个加在新旧交替的缝隙中的城市，新的一天总会有人结婚，有人离婚，就像每一天都有人得到爱情，有人为情心碎。时代不同城市的面貌也不同，淮海路上崭新的楼宇和招牌已经取代了霞飞路时代的法国梧桐，但唯一不变的就是感情的流水，川流不息地从外祖母和母亲的时代一直流到陶然眼前的这个时代，带着Moroccan Spirit 无法替代的那种被百年历史沉淀出来的忧郁和沧桑。

永别，情人

她惊讶地愣在那里，报纸上的新闻仿佛是一个暗雷，安静地在耳边爆炸，没有任何响声，但心里却已是波澜壮阔。

如果不是翻看报纸上的这篇关于曼哈顿房产的新闻，她根本不会知道史蒂文已经去世，而且是三年前。新闻是关于史蒂文遗留下来的地标建筑，位于曼哈顿下新闻是关于史蒂文遗留下来的地标建筑，位于曼哈顿下城的一家老楼，已经被纽约的一个著名富豪买下，而卖出老楼的卖主正是史蒂文的日本老婆。

这座楼，史蒂文曾经带她去看过，曾得意地告诉她，这是他年轻时候花了三十五万买下来的，是他一生中最值钱的一个投资。现在他靠它收租过着曼哈顿中产阶级的生活，有一天，它会价值连城。她仿佛又看到史蒂文说这个话的时候，脸上充满了得意地神情。那一幕距今已经十五年。十五年以后，这座楼真的被卖出了，要价二千万，而卖出价格却只有三百万。时光改变人生，十五年前，她除了青春，一无所有，十五年后，她早已拥有了自己的幸福。而史蒂文十五年前是她的情人，十五年后却撒手人寰。曾经，她和史蒂文拥有过七年的快乐时光，她天真地以为，史蒂文会与他的日本老婆离婚娶她，然而，十五年再回头看时，她甚至都不清楚，史蒂文是否真的爱过她。

她和史蒂文最后一次见面是在八年前，那个晚上，史蒂文来他们在纽约东上城共同租赁的公寓找她，试图挽回已经移情别恋的她的心。我愿意和你结婚，史蒂文说，他的脸在房间顶灯的直射下显得疲惫而苍老。而她只是冷冷地望着他，那个她曾经共渡欢乐时光的情人说，“你不觉得一切已经太晚了嘛？！”这是他们最后见面时的最后一句话。

而最后一次她与史蒂文通电话的时候，是五年前，她的婚姻因为老公的婚外情而触礁，心情恶劣的她因为感情上的走投无路而给史蒂文打了电话。在这个整个讲话只进行了十五分钟，在嘈杂的环境中，她几乎听不清手机的另一头史蒂文的声音。“我要见你。”史蒂文激动地说。她忽然觉得没有意思了，放下了手机。“我再跟你联络吧。”这是她对史蒂文生前说过的最后一句话。

一晃，十五年的时光流水已经从桥下悄然流过，而一切回想起来仿佛不过是昨天。

十五年前，刚来纽约不久的还是学生的她初次遇到史蒂文，一个过了中年，但却美女环绕的文化商人。虽然，从一开始她就直觉得史蒂文不是一个可以托付终身的理想男人，但是她还是被他征服了。在所有的追求她的而没有得到任何结果的美国男人里面，史蒂文打动她的只有一句话，“你看上去很年轻，但我觉得你面孔后一定藏着一个不为人知的故事。”就是这么简单的一句话，打动了当时内心孤寂沧桑的她， 仿佛找到了知音似的，她同意赴史蒂文的的一次约会。

在曼哈顿中城一家精致的日本餐馆里，她与史蒂文相对而坐。就是这么一次烛光晚餐，史蒂文对文化的认知和对生活的刨析，让她内心充满了暖意。她不知道比她年长至少二十岁的史蒂文走过的桥比她都过得路都多，想得到她这么一个文化青年的内心其实易如反掌，感情之花的栽培。只需要一点点阳光和水，她就怒放了。

只有一个星期的功夫，史蒂文感情上的关怀，文化上的指引和金钱上的施舍就让背井离乡的她就顿感在史蒂文这里找到了全部的温暖，于是，一无所有的她将自己全部奉献了出去，感情和肉体。

整整一个月，她和史蒂文仿佛蜜月的情侣，在最美好的时光中度过。当他们第一个情人节到来的时候，她觉得自己已经完全地爱上了史蒂文。那种爱情是排山倒海似的，一触即发，她完全被这种幸福的高潮淹没，飘飘欲仙。

情人节的晚上，史蒂文请她在一家法国餐厅吃烛光大餐。她在史蒂文送给她的一支红玫瑰花和一瓶法国香槟中陶醉的满脸绯红，心花怒放的她觉得自己是世界上最幸福的女人。情人节的晚钟刚刚过了十点，陶醉在幸福之中的她还没来得及依偎在情人的肩胛中多久，史蒂文就告诉了她残酷的真相，他已经结婚有子，老婆还是日本人。

顷刻间，她那幸福的大厦仿佛遭受了八级地震似的完全被摧毁，在夜色温柔的暗影里，她震惊地措手不及。那个情人节是她来到纽约后和她爱的人渡过的第一个情人节也是最残酷到难忘的一个情人节。她还记得自己泪流满面地样子，记得她的心碎成粉末的感觉。

现在回想起来，史蒂文之所以选择一个情人节告诉她真相，无非是想赶紧回家去面见老婆大人，虽然他已经不爱日本老婆，但是情人节他不能不回去，因为他还有孩子。

就从那天起，她和史蒂文的感情出现了巨大

的裂痕。虽然，她没有就此与史蒂文分手，但是她的心里对史蒂文的感情欺骗充满了忿恨。在她和史蒂文以后七年相处的时间里，他们两个人的关系时好时坏，好的时候她期待着史蒂文会离婚然后与她结婚，坏的时候，她开始和别的年轻男人约会，为的就是给报复史蒂文，让他难堪。

在与史蒂文相处的最后两年里，他们已经是同床异梦，至少她是这么以为的。她频繁地开始与各色单身男人约会，寻找一个未来的婚姻对象，而史蒂文面对这她的一次次感情和肉体的出轨毫无办法，最后他的选择也是以毒攻毒，开始和其他的女人睡觉，以求得自己心理的平衡。那是一段不堪回首的日子，两个人处于一场奇怪的精神冷战，肉体热战的战争之中，仿佛处于汽车抛锚前的惯性虽然没有分开，但是心里已经冷若冰霜，由爱生恨。她在史蒂文身上的投资太大，七年的青春和等待，她无法甘心就这样放手。她仿佛是上了赌场的赌徒，如果最后不完全输掉身家，她无法就这样黯然退出。他们两个人的这场感情战争，牵涉了很多家人朋友在内，包括史蒂文的日本老婆。大家没有一个人看好他们两个人的结局，冷眼等待着他们关系瓦解的那一刻。

最后，她真的开始爱上了另一个年轻的男人，并且闪电嫁给了他。在她结婚前，史蒂文最后一次约她见面时恳求她不要嫁给别人，而是自己。史蒂文反反复复地告诉她，他多么离不开她，只要她再给他一个机会，他就一定与她结婚。

望着史蒂文绝望了脸色，她从内心里感到痛快。终于，她以拒绝报复了他在两人第一个情人节时候带给她的耻辱。看着面前悲痛欲绝的好了七年的情人，她终于长出了心中的一口恶气，即便，这个报复并不是她事先预想好的。现在回想，她真的是恨史蒂文的，那个让她浪费了七年青春时光，心理和精神上都受到无形伤害的男人。即便是决绝分手了之后，她对史蒂文没有一点留恋，连一点回忆都没有。

结婚了三年以后，老公外遇被她发现，心中的打击不亚于史蒂文情人节之夜给她带来的震惊和愤怒。于是，在于老公大吵了以后的一个晚上，她开车到家附近的麦当劳给史蒂文通了她在史蒂文人生中的最后一个电话。

原本，她是想倾诉内心的苦闷的。她知道，无论如何，史蒂文是了解她的。然而，当拿起手机讲话的瞬间，她居然什么都没有说。相反，当史蒂文说要跟她见面的时候，她开始惶惑了。毕竟她不想走回头路，她与史蒂文曾经走过的七年情人路曾经是她精神上最痛苦的几年。

从那以后，她再也没有与史蒂文有过任何联系，只到今天看到报纸上的新闻，才知道史蒂文三年前就去世了。这个新闻带给她很多的回忆，和那些回忆中她埋葬的青春岁月。如今，这个她曾经狂热的爱过的也恨过的男人死了，没有给她留下只言片语。除了她的这些记忆，一切仿佛都不存在，她那些过去了的岁月和青春，她的那些逝去了的哀伤和痛苦。

如今，她想起来这些，也只能感叹岁月的冷酷和无情。如果不是这些回忆，史蒂文和她的那段见不得人的漫长日子里面的细碎往事就不会再次波光粼粼，闪烁生辉。她不知道他是怎么死的，也不知道他离开她以后的岁月是如何渡过的，他是否幸福。这些对他和她都已经不再重要。曾经的爱恨情仇，都已经让时光之水磨蚀。她不知道也不想知道，假如史蒂文在天有灵，会不会记得他们曾经一波三折的感情经历，是不是会知道她此刻正在独自一人回味往事。她记得史蒂文是最怕死的，从来都是非常注意饮食健康和身体的检查，如今，他居然就这样突然的先走一步了，不知道是否在去天堂还是地狱的路上，这连他自己恐怕都始料不及吧。

永别了，她心中暗想，那个曾经让她爱恨交织过的情人。假如再有来生，她期望他们的道路永不会相遇。

多想与青春道一声对不起

很多年了，有一段感情，安娅一直没有跟人提起过。这是盘踞她心底多年的一个隐痛，如同她膝盖的风湿性关节炎但凡阴天就感到不舒服一样。偶然，这个隐痛会在某一个酒后的某一个不为人知的时刻，神不知鬼不觉的时候突然冒出头来，像她的家猫爱丽丝一样在她的心里狠狠地挠上一爪子。

虽然，安娅在纽约结婚多年，跟美国老公和老公的孩子过着波澜不惊的平静生活，但曾经出生长大的南方城市和读书时代生活的北京，都不曾从她的记忆中抹去。有时候，与好友聊天时，几杯酒下肚，安娅会忽然想起某一段忘记依旧的故事，而那个故事中的男主人公李明磊就会突然出现子她的面前，还是他们高中时代的样子，一脸帅气地向她单纯地微笑着，露出左脸颊上的一个很深的酒窝。

安娅的记忆于是自然而然地又回到了1983年，她在北京上初中三年级的那年。那时候，她是学校风头最劲的女生，学生会主席，三好学生，老师的萌宠。她身材纤细高挑，容貌清秀、气质不凡，在女孩子中鹤立鸡群。安娅经常独往独来，那时候她不是很明白为什么，但是现在回头望去，她很清楚当时的自己那样一个外表漂亮，学习又好的女生其实是男生暗恋、女生嫉妒的靶子，因此，她的朋友并不多， 更不要说闺蜜。

会想起起记忆深处的往事时候，安娅对自己的当时表现有些不齿。那时候，她作为一个时代的好学生标兵，是一个被学校的系统训练出来的机器人。她会严格地遵 守学校和老师的规则，对违规的学生永远是毫不留情地点名训斥，向老师汇报他们的违规行为。 因此，安娅很不得人缘，有些被她告过状的同学更是恨她入骨。当时的安娅觉得自己这么做绝对是没有一点错误的，她年轻单纯，全心全意地将学校和老师交给的任务当成人生首要责任，完全没有想到这些行为给自己带来的任何负面影响。

在班上同学们毫不留情的目光中，安娅经常看到一双充满了微笑和温暖的眼睛向她瞥来，让安娅经常烦躁的心马上可以平静下来。那双眼睛的主人是安娅班上有一个叫做李明磊的体育课代表。李明磊长得人高马大，是东城体校的专业篮球运动员和学校的体育全能冠军。按照现在的说法，李明磊是一个典型的运动型帅哥和暖男，他充满阳光气质的笑容和人高大帅气的外形，让他成为学校很多女生的倾慕和暗恋的校草。

安娅还清楚地记得那天下午放学后的情景。那是个冬天的下午，黄昏的暮色已经涂满学校操场边上几颗光秃秃的树桠。下了课就一直在留在学校里完成学校黑板报的安娅正准备回家，他们校体队的一个男生忽然不知道从哪里钻出来跟她说："李明磊在操场篮板哪儿等着你，想跟你说件事。"说完，那个男生就闪身不见了，留下安妮在原地发怔。

安娅心里清楚她也喜欢李明磊，虽然她从来没有跟李明磊交流过。虽然，他们两一个是学校的校花，一个是学校的运动健将，就像两股交错而过的溪流从来都没有交汇过。听到这个男生传来李明磊在学校操场的篮板那里等她这个信息，她的心开始突突跳动起来，如同情窦初开的少女。

每天完成学校的下一期的黑板报的时候，安娅的肚子已经饿的咕咕叫，她她就会匆忙赶回家吃完饭。从教学大楼到学校大门，中间隔着操场，是安娅放学回家的必经之路。平时，安娅回家路过操场的时候，都是快马加鞭匆匆而过，因为操场上的男生们经常向她行注目礼，有的时候甚至还有吹口哨的，搞得安娅心里很毛，根本都不愿意朝操场的方向看过去。而今天，安娅出了教学楼，就开始在黄昏渐起的暮色中往操场上看。早已经过了放学时间，教学楼里面静悄悄的，只有教务处那层楼里还有闪烁的灯光，估计有的老师还在。安娅看到操场的远处似乎有人影晃动，但不知道是否是李明磊和他的跟班。安娅按住狂跳不止的心，向操场横穿而去，只是这次她的脚步不再匆匆，而是有些踌躇地往前慢慢地走着。

想起来多少次，安娅路过操场的时候，看到过李明磊和几个男生一起打篮球。虽然她每次都是正眼不瞧地绕着操场边走过去，但是她眼睛的余光还是瞥见李明磊矫健的身影，心里淡淡涌起初中少女对体育健将挺拔身姿的那种本能倾慕。不过，这种倾慕随着她离开操场就开始烟消云散，被她忘到脑后勺，直到下次再在操场上或者学校的其他活动中看到李明磊，心里再次涌起同样的感觉。她知道喜欢李明磊的女生很多，因此，她根本就不做他想。安娅来自一个知识分子家庭，从小就循规蹈矩，不喜欢跟一般人见识，因此更不愿意让人知道她内心的任何活动。知识分子家里出来的孩子都有一个共同的弊病，那就是内心骄傲，这种骄傲不是自负狂妄而带来的，却是为内心敏感所建立起来的一道本能掩饰墙。知识分子因为自身的学问和经历一般都是对孩子在学习上严格要求，希望他们掌握一门学问，或者跟随自己的脚步在学术上有所建树。这样家庭从小教育出来的孩子 都不是内心狂野之人，而是正相反是内心敏感，行动谨慎的族类。他们往往内心骄傲，不愿意与社会同流合污，但在学校或者工作岗位上不得不随大流的时候，他们就开始学会与外界隔离内心情感和想法， 造成与别人的疏离而给人一种清高的感觉。

当沉浸在思绪中的安娅眼看着就要走到篮球架子下面的时候，一个人影忽然忽然从架子下面的暗影中闪了出来，正是高大的李明磊。他快速将手上的一个纸条递给安娅后就跑掉了。一切都发生的那么快，让安娅回不过神来。她握着手上的纸条如同握着一把火一样觉得烧的慌。她有些想打开纸条看一看上面写了什么的冲动，但是她不敢。于是，她就攥着手上的纸条，掉头往回朝教学楼走去。

初中三年级时代的安娅从小与她的父母在情感上疏离，就像典型的知识分子家庭一样，她在大学教书的父母永远是忙着单位里面的事情，就是回到家来也不闲着，不是改卷子就是准备教案，没有一天是闲下来的。因此，安娅和父母之间没有什么沟通。进入了青春期，安娅已经觉得父母与她相隔甚远，不管是学习还是生活，一家人虽然每天晚上坐在一起吃完饭，她也不觉得彼此之间有什么可以聊的。因此，在学校遇到任何事情，安娅都根本不会想到跟父母说起。好在一直以来，她因为学习好，一直受到班主任的喜爱，因此安娅宁愿跟班主任交心，都不愿意与父母谈话。

安娅的班主任余老师是一个三十多多岁的男老师，非常欣赏安娅，让她做班长和学习文员。安娅在班上遇到问题，都会与余老师商量，时间长了，余老师就代替了安娅的父母和好友而成了安娅最信任的人。自从当了班长之后，为了向老师表达她的忠心，安娅开始对班上的同学毫不留情。她可以当着同学的面向老师汇报同学们在班级活动中的表现，指出他们的不足，因此，安娅成了一个不受同学欢迎的人，尤其不受女同学的待见。因为很多男生喜欢安娅的漂亮，都不在乎她是一个积极拍老师马屁的人，而女同学则不一样，对安娅充满了嫉妒和怨恨。安娅并不在乎同学们对她的态度，她反正凡事都与班主任商讨，所以其他人愿意不愿意与她来往，她一概不管。

此时此刻，手里攥着李明磊的纸条，不知所措的安娅第一个想到的也是余老师。安娅从来没有遇到过这种事情，因此她不知道怎么处理，尤其这个李明磊其实是她内心喜欢的一个男生，她更不知道如何面对了。按说，一般女生都有几个闺蜜探讨这种事情，但是安娅居然没有闺蜜，只有一个可以信任的班主任余老师。

推开班主任余老师与其他班主任共享的教师办公室的门，一看余老师居然还在，安娅不禁舒了一口气，心里也放下了许多。余老师看到安娅惊讶地问："这么晚了，你怎么还没有回家？"

听到老师关切的声音，安娅心里一热，眼眶里居然有了泪花。她一直孤独惯了，很少与人交心，因此也很少受到关心。余老师对她的喜爱与关心一直以来是她心中的安慰， 尤其在她彷徨的时刻。看到安娅眼里的泪花， 余老师更加着急了，他赶紧又追问"发生了什么事情？"。

安娅将手中的纸条递给余老师，心情紧张地说"这是李明磊刚刚给我的。"

余老师眼光马上异样起来，用一种不可置信的声调说："李明磊给你递纸条了！"

安娅更紧张了，问："老师，我该怎么办？"。在初中三年级女生眼里，李明磊的纸条表示着他对她的一种异样情愫，这种异样的情愫让她也怦然心动，但是她真的不知道怎么处理。她把余老师当成了自己的闺蜜，真心想问问他自己该如何处理这样的事情。当然，作为班长向老师汇报问题的本能又让她将此事作为学校一直反对的学生早恋问题报告给老师，也求的自己心安理得。

安娅的紧张在余老师看来是一种张皇失措的感觉，他的理解是安娅厌恶李明磊的早恋举动，才跟他汇报李明磊。于是，他安慰着安娅说："你不要紧张，不要思想有压力，一切都交给我处理就好了。”

安娅听了，没有再说什么。她并不清楚思想压力是什么，也没有觉得自己紧张，只是想跟老师请教一下如何这事情如何处置，但在这种情况下，她认为老师已经给她指示了，她就没有必要再说什么了。

第二天上学的时候，安娅在班上看到李明磊的时候，心里又是一阵乱跳。两个人双目相交的时候像触电一样迅速闪开。

上第二节语文课的时候，有人敲教室门。语文老师打开门一看，是班主任余老师。 余老师跟语文老师打招呼说他要叫李明磊到办公室去谈话，瞬间，所有同学的目光都扫向李明磊， 有些同学的目光又扫向坐在后排的安娅，在这短暂而无声的目光扫射中， 李明磊起身走出教室。 他好像早有准备，如同往常下课一样，神色自若，不慌不忙。

瞬间，安娅感到了班上同学们目光机关枪的扫射，她无声中弹，心里满是伤痕。余老师居然会这样大张旗鼓地把这件本来很私人的事情用这种方式来处理让安娅意料不到，她知道这样也许会给李明磊优异的成绩和在校表现带来负面影响，这是她绝对不愿意看到的。此时此刻，迎着同学眼神里的难以置信的表情，鄙视和不满，安娅感觉坐立不安。她知道，自己原本已经树敌无数，这么一搞，她绝对成为了人民公敌，以后难有立足之地了。

李明磊被班主任余老师叫到办公室训斥了一顿，遭到了学校的口头警告处分，并通告了家长。李明磊的父母都是大学老师，家教严格。他的父亲听说儿子居然做出这样的大逆不道的事，气愤交集，回家把李明磊狠揍了一顿。

很快，这件事就传遍了全校，同学们有的幸灾乐祸，有的气愤不平。李明磊从此看到安娅就躲得远远的，那双曾经像太阳一样充满微笑和温暖的目光也不再瞥向安娅，让安娅的心感到异常的冷落。这件事情的发生让安娅吃足了苦头，几乎没有一个同学愿意站在她的立场上为她申辩，大家一面倒地想着李明磊，开始集体孤立安娅。从初三到高中毕业这段岁月，安娅觉得度日如年。她虽然仍然是老师们的萌宠，学校的好学生。但是，她因为出卖李明磊而被班上的全体女生孤立，没有人愿意再跟她往来。安娅成了孤家寡人，每天除了忙于学校的工作外，几乎不跟其他同学来往。原本就内心孤独的安娅变得更加孤立，她开始花更多的时间在学习和组织学生会的活动上面。其实，这件事她也觉得委屈，她并没有想要向班主任告发李明磊，她明明是喜欢李明磊的啊。但是她无法也不情愿将心里的意思再告诉任何人，她只能将所有的歉疚和不安深埋在心底，让它随着时间的流逝逐渐褪色。

回想起来，安娅似乎再也没有机会跟李明磊做解释，直到高中毕业前，班上举行了毕业聚会，安娅找了一个机会跟李明磊说了几句话，但她不知道怎样将埋在心里的愧疚告诉李明磊，而李明磊似乎也不知道该跟她说些什么，两个人只是无关痛痒地哈哈了几句就过去了。

高中毕业考上北京语言学院播音系后在北京上大学，乃至到大学毕业，好像都是过眼云烟一般地在安娅的记忆中留下了匆匆的一抹颜色，并没有什么深刻的印象。大学毕业后，安娅可以分配在北京的媒体单位从小职务做起，但是她父母给她在南方老家城市的一个电视台找到了一个主播的职务，因此安娅就离开了北京，回南方老家的一个繁华城市做了电视台的新闻女主播。

忙碌中的日子过的飞快，她在北京读书那些年的往事开始模糊，她也很少再想起她的中学同学，包括那个叫做李明磊的男生。

时间是最好的治疗师，随着岁月的流逝，时间慢慢治愈了安娅与班上几个曾经来往关系不错的女同学，解除了她们之间曾经种下的芥蒂。有个女生私下告诉安娅，当时她们集体孤立她除了替李明磊打扮不平外，也很痛恨安娅的做法。“再怎么样，你不能把这事告诉班主任啊！如果你看不上他，可以把他让给我们啊！这一来，我们谁也都没有得到任何好处！”那个女生说。原来，她们班上大部分女孩子都对英俊帅气的李明磊深有好感，有几个甚至跟李明磊明里暗里表示过，但都没有的得到李明磊的垂青。当她们后来知道李明磊喜欢的原来是那个清高的校花安娅，便偃旗息鼓，因为她们觉得从学习上和外表上，她们都不是安娅的竞争对手。没想到李明磊给安娅递条子后，安娅居然把李明磊告发了，她们就全炸了窝，觉得安娅太不地道。安娅听了，心里平静了的波澜又开始冒起涟漪。她特别希望有一天可以见到李明磊，跟他当面道歉。毕竟，这些年过去了，大家都经历了人生，也成熟了许多，不再是当年傻傻的初中生那般不懂得如何处理这种事情。

就在安娅申请出国留学拿到签证之后，她接到了来自北京的电话，他们班的几个高中同学准备一次老同学聚会，希望她也来北京参加聚会。安娅听了开心极了，决定在出国之前一定要回京见见老同学们，尤其是李明磊，把这么多年堵在她心头的事情讲清楚。于是，她在电话里跟通知她的男生说："别忘了通知李明磊，让他这次也一定来啊。"以前，安娅从来不敢这样自由自在地表达内心的想法，当了了几年电视台的新闻主播，她已经变得非常成熟开朗，再也不是当初什么话都藏着掖着的安娅了。

那个男生沉吟了一下，用一种难以置信的语调说："你不知道李明磊已经死了？"

安娅听了震惊之极，瞬间感觉眼前发黑，仿

佛有人在她的头上重拳相击。她感到心跳加速，好像喘不过来气的那样不断吸气，仿佛是一条被搁置在沙滩上的鱼。她无法想象她刚刚听到的回答，更无法想象那个这些年一直让她无法释怀的李明磊居然已经不在人世了。

就在前年，李明磊居然患了鼠疫去世。当时他连续性发高烧，去医院检查了很多次，就是检查不出原因。鼠疫已经是中国灭绝多年的疾病了，因此，所有的医生绞尽脑汁都无法想象出他居然会患鼠疫，即便他的很多症状都与鼠疫相似。在多次检查无果的情况下，李明磊病情越来越严重，便开始住院观察。直到再一次会诊中，一位老医生表示他认为李明磊所有的临床表现都是鼠疫的征兆，提出决定按照鼠疫进行治疗。然而为时已晚，李明磊患病已经到了后期，所有的治疗都不再起作用， 住院不到一个星期就去世了，留下了妻子和幼子。

安娅内心的痛苦无法诉说。不知道有多少次，她都想联络李明磊，将过去压在心底的歉疚告诉他，让她的心回归平静。而当她终于以为这次的同学会可以让她见到李明磊，了却心愿，没想到李明磊居然已经不在人世了。

李明磊的去世成为了安娅心底的一块隐蔽的石头，随着岁月的流逝变得越加沉重。安娅到了纽约后，经过几年捉襟见肘的生活和感情上的波折，已经不再是当年那个年轻气盛的高中校花和新闻女主播了。虽然，她依旧漂亮如昔，但是她心里面清楚自己的成长和成熟。

安娅的家在新泽西，每天通勤到纽约曼哈顿来上班。下班后，她有时会跟她的几个在城里上班的闺蜜到某个时尚餐馆见面吃顿饭，或者酒吧里喝上一杯。在一次杯觥交错的夜晚，几个女人热烈地谈到了过往的情感时，安娅忽然想到了李明磊，讲起了这段深埋在心底的情感。这么多年来，这是她第一次跟外人说起这段被她埋藏了二三十多年的往事。安娅的闺蜜听着她的故事，不断跟着她唏嘘不已。说到最后，安娅再也控制不住内心的悲伤，泪水奔涌而出。她用纸巾掩面，任凭伤心的泪水不断顺着脸颊滴落。在那个时刻，安娅才知道，她对李明磊的歉疚和那段永不再回的青春岁月已经成为她心底上的一块石头，被岁月侵蚀的千疮百孔。这么多年来，她唯一希望的就是可以当面跟李明磊道一声抱歉，跟自己的青春道一声对不起。

海伦的纽约

傍晚，他摔倒在马路街边的人行道上，一动不动，像一个大写的人字，就是那种纽约警察在发生凶杀案，挪走尸体之后，在地上用粉笔画出的现场的人形。

他看上去六十多岁，人比较消瘦，带着一顶鸭舌帽，围着红色的围巾，黑色的风衣有点上世纪的时尚，米色的裤子，脚上是一双老式的运动鞋。他躺在地上一动不动， 殷红的鲜血从他的口鼻中流出一缕，不断细细地滴到他脸朝下躺着的地上。

马上，有人围拢过来，一个年轻的黑人女子，二十出头，一头波浪翻卷的黑色长发围绕着她姣好的面目。她穿着时髦的上班族的服饰，黑色的短裙，加拿大鹅的黑色羽绒服，黑色的丝袜与细高跟鞋。她马上拿出她的 iPhone X 开始给 911 打电话。

有个看上去是个知识分子的中年纽约人走过来，手里拿着一卷报纸。他弯下腰去问："你受伤了吗？"（Are You Hurt ？）

倒在地上的老者口中发出细微的声音，但在周边马路上来往车辆的嘈杂中，根本听不到。于是，知识分子将腰弯的更低了，想听清楚长者的话音。

"他脸上都是血"，911 电话上，年轻黑人女子在解释着眼前的情景。"他多大岁数？我问问。"于是，黑人女子向地上的老者问话，弯着腰，头都快低到地上的知识分子在进行着传译。"82 岁，他 82 岁！"

地上的老者无论如何都看不出 82 岁的模样，他打扮的虽然有些陈旧，但整整齐齐，消瘦细高的身材让他看上去绝对显的年轻。但他真的就是 82 岁了，所以手脚有些不利落了，不小心摔了一跤。

海伦从他们这些人身边走过去的时候，她听到黑人女孩仍然在电话上叙述着眼前的情景，地上的那个老者仍然一动不动，他一定是摔痛了。海伦看到他似乎想爬起来，颤巍巍的手几次微小但无功而返的试图，都被海伦看在眼里，她心里面充满了同情带来的痛楚。

路过的其他人看到地上的长者的周边已经有人在进行求助，就走开了。纽约人一般不喜欢围观，因为不仅不礼貌，还会给前来救助的人员添麻烦。海伦深知这一点，她也停止了目光的关注，迈步走开，步履蹒跚但充满小心。

海伦昨天也是在附近的七十几街摔倒了。也是一个微雨蒙蒙的黄昏，雨停了，但天也开始灰暗了，让本来就因为下雨而积压的阴云布满的天空显得更加暗淡。

海伦原来是跟着她的家庭护理一起去超市买东西。回来的时候，护理手上提的东西太沉，于是先快步回去，嘱咐海伦不要着急，自己慢慢地走回去。

海伦的膝盖痛了好多年，早年在文革下放时候落下的风湿病和膝盖磨损随着年龄的增长，变得越来越严重，她几乎都无法抬腿走路了。

一转眼，海伦来到美国已经近三十年了，当初她刚来的时候，还在一家语言中心给老外教授中文，每次都喜欢步行，节省路费又锻炼身体。虽然，她的膝盖痛已经很多年，但都被海伦置之度外，毕竟在国内经过文革下乡的劳改，海伦已经对身体上的小病小痛毫不在乎了。比起那些死在干校的老同事和老朋友来说，她能健康活着，而且后来又搬到纽约生活已经是了不起了。

尽管，海伦的膝盖到了她八十多岁的时候已经让她感到力不从心，步履蹒跚，但有时她还是忍痛出门办事，觉得有护理跟着，总没有问题。

护理拎着大袋小袋的物品离开后，海伦慢慢地在马路边的人行道上走着，小心谨慎地绕开路上看得见的任何形式的坑洼。没想到，地上的一个砖缝还是让海伦的脚踩到了，她好像看到了砖缝，原本想抬腿迈过去，没想到，腿并不如她期望的那样抬起，而是一步踩到了砖缝，让海伦失去平衡而摔倒。

倒在地上的第一瞬间，海伦马上在心中检查自己的腿脚是否还可以动。她活动了一下腿脚，觉得没有痛感，还可以动，说明自己没有摔坏。于是，她马上试图挣扎着站起力，但是腿脚根本不停使唤，无法站起来。她感觉自己更像一个沉甸甸的大面口袋，摔倒后想要拎起来，需要外力作用。

就在海伦倒下去的时候，一个白人中年女性在马路对面看到，马上匆匆地跑过马路，关切地问："Are You OK ? 要不要叫救护车？"

海伦连忙摆手摇头说不要。她知道自己没有摔坏，所以只要能站起来就可以再走动。中年女性把海伦摔倒后甩出去的手提包拿到海伦的身边，似乎犹豫地看着海伦，想着是否要打911叫救护车。

这时，人行道上的一幢高级公寓的守门人看到海伦倒在地上后，也赶紧跑出来帮忙。他是一个穿着制服的年轻人，不过三十出头的样子。他轻轻问了海伦说，他可不可以扶她站起来，海伦点头。

年轻人很有经验地走到海伦的身后，两手紧紧抱住海伦的腰部，使劲把她从地上半拉半抱地抻了起来。 看到海伦站住脚，年轻的看门人才慢慢松手。

海伦心里充满了感激，如果不是那个年轻人，她双腿根本就没有力气把自己从地上站起来。于是，她谢过年轻的看门人和那个中年女子，慢慢地又踏上了回家的路。

其实，海伦摔倒的地方与她住的公寓不过隔着几个街口，正常人几分钟就会走到，而对海伦来说，几分钟的路可以被她走到半个多小时。海伦边走边感激着刚才的那两个好心人，尤其不是那个年轻人的话，她恐怕还要在街上躺着呢。她忽然想到她北京的一个老同事，出门也是像她这样摔倒后，周边围了一圈看热闹的人，就是没有一个人出手相助。老同事只好打电话给正在上班的儿子，等到儿子好不容易开车赶到之后，她已经在街头躺了近一个小时，还要忍受着边上围观者的闲言冷语。

此时此刻，从刚刚摔倒的老者身边走过，海伦不禁又想起了昨天自己的遭遇，看到老者周边帮忙救助的年轻黑人女性和中年知识分子，海伦知道她不用担心了，纽约还是好人多的地方。

上得楼来，收拾好东西，海伦在窗边从住家的窗户往下面看。虽然刚才，她已经听到了救护车呼啸而来的鸣笛声，知道了那个老人会被安全送往医院。不过她还是看了看下面，以防万一。刚才的马路边上的人行道上已经空无一人，老者，年轻的黑人女性和中年的知识分子都杳无踪迹，只有路边一滩湿漉漉的水告诉海伦刚才发生的事情。看来，前来救护人员不仅把老者送往医院，还把路边上的血迹清扫干净，留下水迹的形状，在车辆闪过的灯光中反射着微微的光泽。

海伦舒了口气，抬起头来，黄昏已经降临在远处的楼宇，将通往下城的街道和两边的建筑涂染成淡淡的黄晕。自从住到这个老年公寓以来，同样的景色海伦已经看了十几年，但是，她还是感觉到光线漂亮。于是，她向远处隐约闪现的教堂顶端望去，看到建筑的海洋将黄昏的光晕逐渐吞没在慢慢上升的雾气和暮色中。虽然，她远离从小出生的家乡，但她的家就在纽约，每每想到这一点，她就感到内心暖洋洋四溢的温情。

当所有的往事成河

她再次见到他，依旧是在北京，他们的彼此的故乡。

时间仿佛停留，岁月仿佛并没有成为桥下东流水，二十年来的分别依旧没能阻挡住他们此刻旧情复燃的汹涌。

他们已不再年少，青春已经荡然无存，但心依旧年轻，爱火依燃，热情地烧掉了过去的任性与骄傲的棱角，使他们终于可以面对面坐下来重新审视彼此的爱情，那份曾经狂热地拥有过，但却失落，二十年后相遇又再次燃烧的感情。直到此时，她才知道，二十年过去，她心里依然有他的位置，最惦记的还是他。

虽然，她已婚，但她看到他时，心依旧柔软下来，如同二十年前的自己。

他已经离婚三次，如今孑然一身，除了名气，随身不离的保镖与助理们，他依旧形同过去，看她的眼神依旧充满爱意。

迎着他灼热的目光，她心怦然而动，仿佛再次回到他们二十年前在北京街头的最后的那次见面。

那时，他请求她留下来，再给自己一次机会，相信他依旧最爱的还是她。

她还记得，他穿着一件黑皮夹克，短头发，目光炯炯地盯视着沉默不语的她，在北京初冬的寒风中脸庞发红。他还是那么自信和坚毅，仿佛知道她不过是逃不出他如来佛手心的孙悟空！

她却忽视他目光的深望，妾心似铁，坚决地拒绝释放心中的任何柔情，不肯原谅他的出轨，不肯再给他第二个机会。她已经因而他的背叛不再相信他，而一旦没了信任，他们之间曾经如火如荼的爱开始冷却，起码对于她来说。

于是，她决绝地转身而去，停住街头的一辆出租车，扬长而去。她连头都没回，不知道他当时的表情。对于她，这已不再重要，她全心全意爱过的那个他已经死了，爱已经死了。

那年，她二十六，他三十，生命正当年，气势正旺，充满了骄傲。

而今，二十年过去，他竟然还能找到回北京探视先生的她。

当然，他已经成为叱咤风云的著名作家，电影编剧，在国内得奖无数，当年曾经被视为最有作为的年轻女记者的她却在美国成为一名普通的家庭主妇。

然而，在他们年青时为之奋斗，为之骄傲而重于泰山的外在条件在他们人到中年的时候却轻如鸿毛。时光流逝，洗涮掉物质的重负，留下感情的精髓，这时候，他们才知道彼此心中依然在乎的是对彼此的爱意和柔情。

她不知道他是如何找到她的，只知道再次见到他的时候，尽管二十年的时间长河横在中间，往事沉淀的只有依然未灭的火焰，彼此目光对视的时候便开始熊熊燃烧。

他们当着身边的助理，保镖还有她的先生，并没有握手，只是彼此凝望着，让心中曾经以为熄灭掉的火焰一点点炽烈起来，在沉默中噼啪燃烧，曾经的记忆电石火光之间排山倒海而来，带着曾经熟悉的爱，味道，亲吻和抚摸。瞬间，她仿佛都可以听得到爱火熊熊的声音，仿佛响彻房间的雷声。

她有些惊恐地望着身边的先生，怕他听得到自己内心的声音。然而，先生仿佛视而不见他们彼此的空间交流，依然客气地应付着他的突然来访。

她沉静下来，知道先生对她已经毫不在乎。此次，她回来就是解决她与先生之间的婚姻的，毕竟先生已经另有新欢，而他们之间的婚姻不过在恰当地维护着彼此面子。

“你们先谈，我出去有点事”。她听见先生对他说，

她知道，先生一定是和新欢有约。

她沉默不语，看着先生转身离开。

经过寒暄的荡漾，空旷的房间沉静下来，在他们彼此的身边弥漫。

他环顾着四周的家具说，“你们还挺会置办的，都是些有份量的古董。”

她笑，说：“这些都是我买的”。

他回望着她，轻笑无声：“你还是喜欢古董？！”

是的，当年他们曾经携手逛北京的各种古董市场，他陪她在各种真假古董堆中流览忘返。

二十年过去，他还记得这一切。

我们出去走走吧，他轻声说。

她忽然握住他的手，轻轻抚摸。这手依旧温暖，依旧厚重，依旧熟悉，如同二十年前。

他站起身，走了过来，拥抱住她，她情不自禁地回抱住他。

时光静寂地从他们身边走过，无声无息，不

知道流泻过去多少。

最终，两个人从融化彼此的拥抱中分开，依旧拉着手。

“我在等你！”他只说了这么一句话。

这句话忽然让她泪盈于睫，仿佛是一只船，在她人生的彼岸等待着，在她苦闷无助的生命中，在她寂寞无边的岁月里，在她开始窒息的挣扎中，这只船静静等待她的到来。

她忽然说，“他有了外遇！”

他笑:“我当然知道！我还重要场合见过他们，那是个很年轻的女孩子。”

她惊讶却不震惊，原来他是做足功课才来，非常符合他一贯谨慎的举止，毕竟他是公众人物！忽然间，她有些犹豫，不知道是否再次陷进去的仍然是失望。 她知道自己青春美貌不再，而他的身边美丽佳人成群。

然而，有一个声音在她的脑子里盘旋：“人生短暂，你需要的不就是一个重新燃烧的激情吗？”

这个声音使得她的微笑突然灿烂，好吧，她以她这个年龄不符合的冲动握紧他的手，说：“我们走吧”。

那几个一直在身边相互低语的保镖与助理们忽然雀跃起来，沉闷的等待终于过去，他们已经不耐烦了。

他在她耳边低语，“我不再需要这些保镖助理了，因为有你！”

她浅笑盈盈，过去如约而至，她的身体与精神都忽然变得年轻，这就是她最需要的啊，重新恋爱，重新被宠爱，重新沐浴青春，沐浴激情，而这些都是所有的美容，美体都换不来的良药。

她忽然像回到年轻时地的时候，从身后抱住他的肩膀，仿佛时光倒流二十年的激情重回，仿佛生命的轮回已经来临。

他开怀大笑，将她拥抱入怀，仿佛二十年前他们从来就没有分开过似的。两个人突然的雀跃让身边的人们面面相觑，然后眼眸中偷偷溢满笑意。

阳光突然而至，洒满床头，洒满她的双眼。她诧异地环顾四周，仿佛从梦中惊醒。清晨的阳光穿越玻璃窗而至，睡房里满目的明媚。她看到枕边的电影杂志，依旧是昨晚她看着入睡的那一页。在那页大幅的采访照片中，他的微笑依旧如同二十年前一样璀璨，如同一束追光，照亮她人生舞台的中央。

原来，一切都是南柯一梦。 她将头埋在枕头里面，泪水汹涌而至，人生的光影再次黯淡如常。直到此时，她才知道，原来这么多年来，一直不能忘怀过去的是她自己！ 当所有的尘埃落定，当所有的往事成河，你如晨星，闪烁在我记忆的天际。难怪她头脑中最近总是这些已逝的情怀词句，萦绕不断，仿佛过去的低声呼唤！

微小说拾零

前情

她终于登陆账户上了微博，第一个留言就是发给他：还记得我吗？这距他们分手已经十五年。十五年里，她一直惦记着他，惦记着他们在北京的一段情，他们曾经谈婚论嫁。他回博问：你是谁？作为名人，他的回贴同时被上百万粉丝转看，而她不过是百万人中的一个。

旧事

第一次见到他是在发黄的相册里，她是母亲的初恋情人。第二次见到他是在纽约的四季酒店，很多年以后。他久久端详着我说：“你长得不像你妈妈”。第三次见到他，是在他上海最有名的豪华酒店的宴会上，他问：“你母亲还好吗？”，我黯然。母亲早已去世多年，一辈子最耿耿于怀的就是他。

分手餐

他和她陷入情网时，他已婚，她已嫁。两人用了两年时间分手，吃了百次分手餐，伤了百次心，黯淡了四个人的生活。十五年后时光荏苒，他和她已经走在一起，拥有了别人羡慕的家和孩子。回首往事，她说早知道最终会走在一起，当初绝对不会浪费两年时间，伤人伤己。 问题是，没有人能够预知未来，生活中你永远不知道结局。

初恋情人

当着宴会里面的几十个客人，他举杯给她敬酒时说，这是我初恋情人，当初就是被她抛弃！举座哗然。

四十年前，他家是上海滩的名门，四十年后，他是上海滩的名门。时光流转四十年，他的人生辉煌依旧。而她，只是家住上海郊外的一个普通的退休女工。

没人懂他

70 岁的时候，他忽然开始说一种奇怪的语言，周围的人谁也听不懂，包括他的老婆。“他疯了！”邻居们议论。几年下去，他生活在孤独的世界，自言自语着没人听懂的语言。有天，他三十年没见的外侄女从美国回来看他，他用他的语言与她对话，她居然听懂了！“他说得是什么？”他老婆问。“英语！”外侄女回答。 原来从小在美国教会学校读书的他，老了居然不再会说上海话。

母亲

小的时候他不愿意去幼儿园，妈妈给他一小包水果软糖，说“不开心的时候就吃一颗，每一颗就是妈妈的爱。”多少年过去，漂泊异乡的他一直喜欢买水果软糖，心情不好的时候就吃一颗，妈妈的话在耳边萦绕。母亲去世的那天，他又买了一包水果软糖，将一颗颗红草莓吃下去的时候，母亲仿佛又回到身边。

父子对话

老爸带着 10 岁的儿子去一家乐器店逛逛，到了里面逛了一圈什么好东西也没看到。当爹的心有不甘地走出店门忿忿地说：“什么鸟店啊。啥都没有！”

美国土生土长的儿子正在学中文，听到老爸如此说，很疑惑地问：我们刚才去的是乐器店，不是鸟店啊？！”老爸愕然，狂笑！

我给你一万美金

商人邀请艺术家在纽约一家高级餐馆吃饭，对艺术家的作品赞不绝口。艺术家告诉商人说：我最近卖了一幅画给一个明星。”

商人听了直摇头，“你怎么能卖给他呢，应该送给他才行啊！真没有商业头脑！”

艺术家惊讶地争辩说艺术家得生存啊，卖画不收钱怎么活啊。再者，免费送的艺术不一定是好货！

商人豪爽支招，跟艺术家说，赶明儿我给你寄张 1 万元支票，算我替他付的钱。

艺术家将信将疑第回家跟老婆说这事儿，老婆说她不信，天下没有掉馅饼这一说！

过了一星期，艺术家的信箱没有收到任何邮件，他却收到了商人的微信，问，你收到我的一万元支票了吗？还附上了支票与信封的截图。

永别北京站

那年他们在建设兵团相识，她 19 岁，是团部报务员，他 20 岁，是团部炊事员，两个人相爱的理由很简单，同病相怜。她先病退回北京家，他则留在团部，感情的维系全靠鸿雁传书。为了她，第二年他也申请病退回上海，坐火车先到北京去看她。她哀伤地说她母亲因嫌两人分居两地而不同意他们的婚事，他们只能分手。在北京火车站，两人含泪挥别。隔着朦胧的泪眼，他看到她脸上也泪水成串。

四十年光阴荏苒，他从来没有忘记过她，甚至到北京找过她。有一天，他看到一篇兵团纪念文章，才知道她已逝。四十年，他一直以为两个人还有机会重逢叙旧，没想到再见照片，却是阴阳两隔。他不禁痛哭失声，早知道北京站一别是两人此生最后一面，他无论如何也不会轻易放手。

静的前半生

如果人的一生是一本书，静的前半生就是一本装潢漂亮、设计精美的书，每一页都流动着流光溢彩的文字与画卷。

静是上海美女，有着电影明星般的美貌，在八十年代的上海街头有着百分之百的回头率。虽然追逐者众多，但静似乎都不为所动。静来自一个离婚的单亲家庭，一直跟着母亲在里弄里长大的静对男人的选择谨慎小心。她最惧怕的就是自己的婚姻重蹈父母的覆辙。

静在 28 岁年轻貌美时嫁到纽约成为华尔街菁英的太太，培养了两个考上藤校的女儿，住在曼哈顿中央公园南区的豪华地段。公寓主客厅的法式落地玻璃长窗外随时眺望中央公园一年四季流动的风景，如同她婚姻二十年的美好岁月。

大家都以为她的一辈子都会坐拥清风、看尽岁月的静好。没成想，人到中年的老公却因为想要儿子而出轨公司年轻漂亮的女秘。最终，让她悲伤的不仅是感情的背叛，更有后悔年轻时的选择。那时，她的美貌吸引了无数狂蜂浪蝶的追求，但她只选择了后来成为她老公的那个相貌普通的男人。被单亲母亲带大的她偏执地认为英俊潇洒的男人都靠不住，靠得住的还是一个普通样貌，收入稳固的男人。

就这样过了大半生，她从来没有轰轰烈烈爱过、也没潇洒恣意地活过，一切，只源于当年的一个信念，一个选择。

读纽约桃花的《上海以北 北京以南》

王渝

書名《上海以北 北京以南》很有意思。我最初入眼想到的是，書裡的故事發生在這兩座大城市之間。讀了後記才知道，作者固執地認為，上海以北北京以南的地方就是紐約。原來是文學的認定。文學具有超越性，超越一切。作者在此書中書寫的便是這三個城市的故事。

作者在後記和序言中提到自己喜歡聽故事，也喜歡寫故事，而我感覺到她很會寫故事。我舉幾個例子來說明。

《北京往事如塵》一開篇描寫北京落滿灰塵的玻璃窗，投進來一束陽光中一粒粒灰塵清晰可見地漂浮着。連續兩次“灰塵”一詞的出現，可不只是客觀描繪景色，而是着意緊扣主題的表述。

《藝術家的情人和老婆》這個故事中，藝術家和妻子和情人的三角關係，真是夠糾纏，實在是理還亂。作者竟然有心地安排了一個旁觀者韓裔金老闆。金老板的店開在藝術家工作室的對街。藝術家來訪的情人，讓金老板回憶起自己的初戀。著筆很淡，餘味悠遠。這個人物的出現是神來之筆。

書的最後是《微小說拾零》。其中的《分手餐》和《初戀情人》都是點石成金的精品。取材平凡到讓人忽視，表現手法卻新穎特殊，造成藝術上難做到的陌生感。

我最喜歡是短篇《多想與青春道一聲對不起》。安婭是三好學生，是學生會代表。她守規矩，按照規矩做事，於是按照規矩向老師報告同學的不規矩行為。所以，同學不喜歡她。初中三年級時，班上體育好的李明磊有天遞了張紙條給她。她不知道如何處理這張紙條。安婭父母都是高級知識分子有自己忙不完的事。她與父母間少交流。她不好問父母。只有老師是她親近的人，於是她跟老師說了此事，老師拿去紙條。後果是李明磊遭到處罰，而且被父親揍了一頓。從此李明磊躲著她。同學輕視她，認為她出賣了李明磊。

其實她對李明磊印象很好，是有點喜歡的。

唯一她能親近又敬愛的老師，真心維護她，卻把她推進一個很不堪的處境。

這件事成了她心上的陰影，拂之不去。直到她為人妻為人母以後亦然。她總向老同學打聽李明磊的情形，心裡想著要向他道歉。

後來道歉的事再也無法做到了，因為李明磊去世了。

由於虧待李明磊這個事件，她才意識到自己也虧待了自己的青春。

結尾寫得太好。作者這麼寫“這麼多年來，她唯一希望的就是可以當面跟李明磊道一聲歉，跟自己的青春道一聲對不起。”

這篇最動人就是全用白描手法，不帶一點渲染，不怨人，不怪罪時代，就是一路直白說來，說得讓人心碎。

说说桃花的小说

凌岚

在了解桃花的写作历程之前，觉得她像井喷一样高产 —— 出版了回忆录家族长篇小说，第一部即将杀青，第二部已经写了很多……速度之快，产量之高，令我等码字的文青羡慕不已。除了写作，她开出版社，搞诗集出版，在年龄跨度超过半个世纪的几代华人诗人之间联络周旋，作读者最少，商业回报最小，却又是海外中文诗歌出版史上最有意义的《纽约流光诗影》……桃花精力无限，广结人缘，不愧是开在纽约中文写作圈里一株茂盛的桃花。

这些炫目的业绩，让我这个之前跟她没有任何交集的旁观者，觉得真是平地一声雷，忽然冒出来的盛景。虽然我也知道，罗马不是一夜建成，天底下除了极少数天才，文学成就从来都是从无到有的积累和摸索。这本小说集《上海以北，北京以南》就是一个证明，走出国门，来到异国他乡，一切从头开始，但人生在延续，不可能重新投胎，人生的一切，比如欲望，比如思念，比如青春无处着落的种种孤寂闲愁，在做成了曼哈顿的中国女人以后也不会自动消失的，就会有文青提笔写作，写诗和写散文，从“豆腐干”开始，慢慢敷衍成篇，短篇小说，甚至中篇小说……北岛说中文是最好的行李，中文是我们这些漂泊的人在一生的旅行中唯一丢不掉的行李。

一个沉迷于摄影的朋友曾经跟我说，再好的风景，再激动人心的事，如果不被记录在影像中就等于没有发生过。同理，对生活的记录，情感表达的渴望，如果不形诸于文字，对于写作者来说就等于白活了。像桃花这样一个有写作天分，从小就用笔开始记录人生的才女，更是这样：“小时候，写作是一个让我逃离现实世界的方式……上课走神，坐车坐过站，写作给我唯一的勇气和信心。……课上课下，我都拿着一堆纸片兴奋地写着……”记录和表达是天生的欲望，这就是作家的开始。

这本《上海以北，北京以南》积累了她在纽约二十年来的虚构写作，长长短短，有中篇小说，也有微小说，我们可以看到一个写作者成长的足迹和道路。这些篇章，题材相对集中，一言以蔽之，写一个“情”字——单身华人女性在纽约的情感经历。情的纠葛不变，情发生的风景各异，男配角各异，我读着读着，经常希望桃花能在这些故事的基础上，再往前一步，把这种感情纠葛抽象化，从单身女人因情困惑，变成更广大，更高远的人生困惑。

在这本小说集里最长的也是最成功的一篇，是《北京往事如尘》，跨度近二十年写几对北京文青男女的生活历程，记录了八十年代中期中国开放之始，到二十世纪初的经济起飞。男主角的身份小说开始时的小有名气的小说家，到后来的土豪某总，社会角色的变化不仅具有时代特色，而且有伍迪艾伦式喜剧的讽刺性。在中国这样一个文青大国，时代大潮中文人转商，文人转政，是社会上屡见不鲜的事，这种变化，现在叫作“华丽转身”，转身的难与易，都可以深挖其后的为什么，但对这个题材发生好奇的作者似乎并不多。以文人生活为母题的小说，除了著名的钱杨大师的《围城》《洗澡》，现在还有江西的阿袁，除此以外就真的没有了。桃花的这篇《北京往事如尘》着重点是情感纠葛，人的心路历程是随手带出来的，在不经意间，自有它的动人处：男女主人公像被荷尔蒙驱动的青春期的动物，热烈地相爱又狠狠地伤害，在生存层面挣扎，却并没有太多的自知。他们似乎连自己都不满足这种殉情化的状态，这种不经意间对北京生活的困惑，“我到底在干什么啊”是人物没有问出的问题，恐怕连作者自己都没有想到。没有问出口的质疑，对中国和美国过去几十年都有代表意义的。这就是写实主义小说呈现的真实：混乱，吵闹，无厘头，人人如此，乱如麻……

用教过我中国当代文学的黄子平老师的话，在他总结北大中文系77级时，他这样写道：“……我们有种自我认定，我们是同龄中的幸运儿，无论之前有过多少磨难，似乎从接到录取通知书的一刻起，我们的名字就习惯了与成功之类的字眼连在一起。因此，我们常常是最缺乏自我反省的一群，常常忽略了挫败尤其是历史性的挫败才是我们生命的组成部分，而且是那最重要的部分。”“如今时时袭来撞击久已沉寂的灵魂，岂不正是生命中那一次又一次的失败和挫败，被错过的、擦肩而去的历史瞬间？”（《早晨，北大》一文，转自《文学七七级的北大岁月》）。

正是这种不能名的挫败感，弥漫在《北京往事如尘》这篇小说中，给了小说更多的深度和叙述空间。

祝愿桃花写得更多，写得更好。

宿命的不安与归宿
——论纽约桃花小说集《上海以北，北京以南》的焦虑意识

洪君植

人，生来就带着宿命的焦虑。

这与环境无关，与人的性情无关，成长经历无关。在后天的焦虑产生之前，人，先天就带着焦虑来到这个世界上的。因此，需要关怀，需要安抚，需要陪伴，需要情爱，更需要归宿。

依华先后经历了老棋、杰斯、欧阳予、汤姆，不，应该说是五个男人，依华爱的欧阳予和没有感觉又不爱的欧阳予。

这是生理上的还是心理上的需要，让依华经历这些男人的吗？亦或是依华的颓废和放浪带来的？不见得。男人的焦虑来自于本能的族属繁衍的需求与满足不了这些需求之间，而女人的焦虑

则来自于坚守的使命与被守护的需求之间。

数亿个精子奋不顾身的去占有只有一个的卵子。这在生物学上就注定了来自先天的焦虑。男人能不能占有到那个唯一的卵子，女子能不能把只有一个的卵子守护得住？

这样的生理学上先天带来的焦虑成长到一定的程度以后就投射到每个男女的社会生活和情感生活当中。

首先在情感生活的投射表现为由焦虑引起的不安和依托上。

因为未知的与生俱来的焦虑，让人们对自己现存的环境感到不安，因此到处流浪，农村人到城市，小城市的人到大城市，大城市的人到更发达的国外城市。

于是乎依华出国了，为了摆脱未明的不安与焦虑，为了找到安定，找到归宿。

依华与老棋的邂逅有些莫名其妙。但是从先天的焦虑角度来看，很是合理。暗恋的欧阳予已经与闺蜜李霞结婚了，而老棋却又暗恋已经与欧阳予结婚的李霞，不是同病相怜，而是虽然暂时的虚无缥缈却能给一定归宿感的渺茫的希望，两个人同时失去了，缺失了。这使得依华与老棋走到了一起，同样的不安感，同样的焦虑情绪，终于在酒精的催化下让他们俩走到了一起。

依华明确知道杰斯并不能给他爱，但却和他结婚了，这也是焦虑使然。陌生的环境让女孩子的焦虑和不安急于找到一个归宿去化解。

婚姻既然不能找到能够化解与生带来的焦虑与不安，那么只能从婚外找。而社会生活却是这种途径的最佳平台。

因为与生俱来的焦虑与不安引起的情感生活的不能专一，投射到社会以后就会变成社团或者企业的移动和拓展上。企业或社团，并不仅仅是为了拓展领域才对外扩张和交流的。其实企业或社团的扩张和对外发展，从某种意义上讲也是个人天生的焦虑与不安的向外投射。因为对未来的莫名的不安和焦虑，对占有和守护的不确定性和不安引起的焦虑，投射到社会和企业、社团以后，使得这些企业或社团不得不对外扩张和交流。我们美其名曰开拓国际市场。

依华因为公司的需要，从美国来到北京，并如愿的见到了已经离婚的欧阳予，也是毫无悬念的走到了一起。但好景不长，因为一样的对占有和被守护的前景的不确定性和不安而引起的焦虑，依华和欧阳宇的矛盾，走上了极端，以至于过一段时间后，依华回到北京，欧阳予甚至不想见，被迫见面后，虽然走到了一起，还是同样的做爱，依华却感觉到“欧阳予已经 成为了让我最没有性欲的男人”。

本以为能够化解不安与焦虑的归宿，成为泡影后，依华自然而然的找到另一个归宿——汤姆。

看起来像是一个熟女情感生活的真是表述，却更深层次的探讨着人本真具有的与生俱来的不安与焦虑。这一点从依华和汤姆·结婚的场景心里描述上表现的很充分。

“我知道在那一瞬间，我还是不自觉地想起了欧阳予，想起了我们曾经的许诺。在那 恍然如梦的瞬间，我感到泪水湿润了眼眶，眼前一片模 糊。教堂里人们的笑脸也被我的泪水打动，他们绝对以 为我被幸福冲昏了头脑，快乐得感动。”

显然，依华不是因为感动，而是因为曾经的不安与焦虑以及对以后的不确定性而感慨。（以上《北京往事如尘》）。

《艺术家的情人和老婆》也表现出与生俱来的不安与焦虑。

芦雨亭、苏珊和萧之间的三角关系也充分体现出了与生俱来的不安和焦虑。苏珊以其执着追到了才华横溢的画家萧，并且拼尽自己所能辅助萧实现自己的理想。而萧呢？事业有所成以后，在工作中碰到了模特芦雨亭，并与其产生感情。

如果没有与生俱来的不安与焦虑，萧已经很满足，并不一定需要与芦雨亭的情感。爱，苏珊已经给的足够，而且萧也接受了。芦雨亭也一样，没有与生俱来的不安与焦虑，在北京说不定比在美国发展的更好，也不一定非要和萧发生感情纠葛。但与生俱来的不安与焦虑促就了有些看起来狗血的三角关系。（以上《艺术家的情人和老婆》）。

这种关系，这种不安，在纽约桃花的其他小说以及微小说里都有所表现。

总之，纽约桃花的小说集「北京以南，上海以北」通过男男女女的情感生活和感情纠葛，深入的探讨了人与生俱来的不安与焦虑，而这些不安与焦虑就像如蛆附骨般的跟着人的一生并投射到社会以后的情境。

后记

我是一个喜欢听别人讲自己故事的人，每次遇到有趣的人和事，我都有着极大的好奇心探究到底。曾经有一个美国记者朋友说我具有强大的同理心，善于启发别人讲出自己的内心情感，适合做记者。也许，就是这个天生的同理心与好奇心，驱使着我在自己人生与他人人生交错的轨道上，在我与茫茫人海擦肩而过的时候，写下我与他们的故事。比如，《想与青春道声对不起》就是在曼哈顿的一个雨夜，听我认识的一个中年女生讲述自己陈年往事的情感时，受到触动而写的爱情故事。

我是一个感情用事的人，写小说也是凭感情，不到了非说不可的地步，绝对不随便写。

喜欢情绪与文字都孕囊到水到渠成时而一气呵成。我相信一个好的作家一定善于描述自己内心的感情世界，让故事来讲述自己的所经历的感情，所遭遇的人生。《北京往事如尘》、《艺术家的情人与老婆》、《上海 2004》都是根据我自己以及一个已经失联的闺蜜的感情经历合写而成。

有段时间，我迷恋写微小说，一方面喜欢微小说的简练，一方面想将周边的人与事进行一个短平快的素描。其实，微小说是我的一个偷懒方式，将一个完整的故事压缩成一个片段和一个场景，记录了想写的东西，也不用花大量的时间和精力来连篇累牍。

整理这些年写的文字的时候，我觉得这本集子的出版根本就是一个作者非常私人的感情旅行，记录了旅途上经年后已经灰飞烟灭的往事细节，对别人来说也许早已过时，不忍卒读，而对我个人来说，却如同翻开某个时期的日记，在文字中重温往事，那种无以言述的亲切感是其他东西无法替代的。

我一直固执地认为，上海以北，北京以南的地方就是纽约，因此，我将这本集子称为《上海以北，北京以南》。我坐在纽约，抒写我最熟悉最热爱的两个城市中的故事， 并因纽约而将这两个城市在情感上与心理上连接起来，这本身就很戏剧。

特别感谢为这本集子的问世操心的诗人、出版人君植兄，没有他，就没有这本集子的诞生。

2018 年 3 月 26 日于纽约

www.ingramcontent.com/pod-product-compliance
Lightning Source LLC
Chambersburg PA
CBHW020009140726
47904CB00018B/2138